世界一の考え方

森脇基恭

三栄書房

はじめに

いまは、とても難しい時代です。経済成長のみを考え、それに向き合うことが正義だと広く信じられていたときもありました。現在では、文明の発展や科学技術の進歩は本当に私たちを幸せにするのだろうか、という疑問が大きくなっています。情報過多で日々の忙しさに足元を見失うこともあります。自分の問題だけを考えてしまうこともあります。複雑な時代ですから、答えはひとつではないでしょう。

私は子どものころから飛行機や自動車が好きで、ごく自然に理系の大学に進み、自動車メーカーに就職しました。どうしてもレーシングカーの設計がしたくて、希望どおりの部門に配属されました。ところが、自動車の排出ガスを規制する世の中の流れに応じて、まもなく会社のレース活動は休止となってしまいました。私はレースを続けるために会社を辞めて英国へと渡り、レーシングカーをつくる会社に職を求めました。

「レースの本場でレースをする」という一念で英国へ行ったのですが、そこで多くの国の人たちと一緒に仕事をして、感じたことがありました。それは「日本は特殊な国なんだ」ということです。グローバルに通用する国際人を育てよう——などと叫ばれていますが、何をもって国際人なのか。英語が話せるとか話せないとか、そういう問題ではありません。自分を認識し、国を認識し、相手を認識して、初めて国際人と言えます。

日本において、同質な日本人の社会がすべてであると思ったまま過ごしていると、自分の常識と相手の常識が大きく違うという体験は少ないでしょう。しかし、違う文化を持つ違う国では、そうはいきません。かつて私は、ハーバード大学のサミュエル・フィリップス・ハンティントンの説を読んでショックを受けました。彼は世界の文明を、中華／ヒンドゥー／イスラム／西欧／東方正教会／ラテンアメリカ／アフリカ／日本の8つに分けました。日本は、独自の文明でひとつの国を形成する世界で唯一の国だというのです。日本文化は島国だけで完結していて、その内部だけで成立しているのだと。

私は英国へ行って、違う文化を持つ、違う世界を見ました。それまで自分がいたところでの常識は通用しませんでした。

まず「違うこと」を知るのが第一歩だと思います。それぞれの文化の違いを理解した上で、さまざまな場面において良いところと悪いところがある。ほとんどのスポーツに国境は関係ありませんが、F1を頂点とするモータースポーツでトップを目指すなら、なおさら日本だけを見ていては勝負にならないでしょう。あらゆる文化を持つ人々が集っている場所で、あるものをポンと置いた瞬間、それに対する反応は全員が違うはずです。他国を真似しようとしても、日本の伝統を変えることはできないし、すぐに文化を変えることもできません。一方で、日本の伝統文化には良い面がたくさんあるのですから変えないほうがいい美点だってたくさんあります。しかし、日本で多くの人に共有されているスタンダードは世界の常識とは違うんだ――ということは最初に意識しておいてほしい。どんな分野であれ世界に出ていこうという人は、まず日本の常識から脱却すること。それを知るだけで、ずいぶん楽になると思います。

この本で私がお話することは、3つの世界から得た考え方が基になっています。まずは最初に就職した自動車メーカー、ホンダでの経験。英国でレーシングカーを設計し、レースの戦い方を学んだ経験。そして帰国後にF1日本グランプリの運営にかかわることになり、現在のF1を築いたバーニー・エクレストン氏と交渉した経験。どれが欠けても、いまの自分にはなっていなかったでしょう。

レースは結果がすぐに出る、失敗したら責任が誰にあるか明白な、厳しくもわかりやすい世界です。大きな転換期を迎えている現在、長期的にどうするべきなのかを考えていくとともに、いまここにある問題、目の前にある困難に立ち向かう気持ちが必要です。前向きに難題に挑み、解決方法を見つけだす。それは勝利というシンプルな目標へ到達するための道であり、その過程そのものが楽しみでもある。そんな世界に身を置く者のひとりとして、F1の世界、戦い続ける世界で通用する考え方を、あらためて振り返り、ここにまとめました。

どうやって問題に向き合えば突破できるのか。自分にとって何が幸せなのか。どうすれば多くの人が幸福感を味わえるのか。少しでも何かのヒントになり、楽しく生きるためのきっかけになれば最高です。

はじめに 004
01 ― F1には「世界一の考え方」がある 011
02 ― アイデアを生み出す方法 019
03 ― 命がけとは、どういうことか 029
04 ― 失敗からヒントをつかむには 037
05 ― 戦うためのマネージメント 045
06 ― お金があれば勝ちなのか 057
07 ― 日本から違う文化へ飛び込むとき 065
08 ― コミュニケーションの難しさを乗り越える 073
09 ― はかりしれない人間の力について 081

10—本当に必要な交渉力とは 089
11—戦いの場でも見た目が大事な理由 103
12—ぶれないこと、変わり続けること 111
13—何を学び、どう教えるのか 119
14—スランプを脱するための処方箋 127
15—F1は紳士のスポーツなのか 141
16—失われてゆく若さに代わるもの 149
特別対談—F1から学ぶ仕事論 福井威夫×森脇基恭 159
あとがき 186

01

F1には「世界一の考え方」がある

世界一のレースが魅力的な理由

そもそも人間は、他人が近づいてきた時に「この人の能力はどのくらいのレベルで、自分は相手に対してどの位置にいるのか」ということを探る生き物です。この習性が、競争心に発展していき、自己主張をするようになっていく。すべてのスポーツは、人間の持つ競争心を原点としています。競争心は成長するために必要なもので、競争心の強い人は、多くの場合、自分に厳しく、より高みへ上がろうと力を尽くします。

Ｆ１は世界一を目指して戦うスポーツです。ＦＩＡ（世界自動車連盟）が定める規則に基づいて、チームが独自に製作するレース専用車で年間20レース近くを戦い、総合ポイントによってドライバーとマシン製造者の世界一が決定する。そこには「世界一になりたい」「世界一の仕事をしたい」と思っている人たちが集まり、日夜戦っています。

競争して勝ちたい、勝って喜びたいという気持ちは誰もが持っていると思いますが、走るのが遅ければ徒競走では勝てません。世界一のドライバーになるには、最低限の天性が必要です。しかし、Ｆ１は生身の人間だけの戦いではなく、使う道具が大きな役割を担います。300人ものスタッフが、たったふたりのドライバーを走らせ、勝利するために働く。これほど大がかりで複雑なスポーツだからこそ、あらゆる能力を活かす場があり、夢があります。その懐の深さと世界一の気高さが世界中のファンを魅了するのだと思います。

F1ほど道具の進化を必要とするスポーツはありません。技術を競う場であり、新技術を発見して磨く場です。これまで誰も考えなかったような新しい考え方が生まれてもそれが人々の生活に役立つまでには時間がかかるものですが、F1の世界では「今まで知らなかった面白い方法があるなら、すぐに利用してみよう」と考えます。

たとえば風洞を使うときに風の流れを可視化するPIV（粒子画像流速測定）、この技術を早い段階から積極的に使い始めたのもF1でした。新しい技術は、それを利用しようという人がひとりでも現れると、どんどん進化していくものです。最初は不完全な技術でも、いずれ武器となりそうなものには、どんどん挑戦する。そういう貪欲さで、F1はいつも半歩以上先のアイデアを取り入れています。F1以外のレースは、すでに確立された理論や戦略、いわゆる安全パイで戦っていることが多いのですが、F1のすごいところは、まだ実証されていない理論でも「良さそうだ」というものを誰よりも早く見つけ、敵に先を越されないうちに自分のものにしてゆくことです。そのために目の前の問題を解決するだけでなく、未知の分野にも常にアンテナを張っています。

世界選手権としてスタートした1950年代から、すでにF1は世界一のレースでした。ドライバーたちは他のカテゴリーと比較すると飛び抜けた精鋭ぞろいで、世界一のテクニックで観客を魅了していました。クルマのレベルも世界一で、高いグリップを持つタイヤはモノコックやサスペンションに多くの要求を突きつけます。市販車では経験することのない巨大な加速度がかかるため、サスペンションのトレッドやトウ変化は「ゼロ」になるような設計を求められました。こんなことはF1を知らない当時の設計者には考えもつかなかったことです。

世界中の自動車メーカーが次々と参戦し「走る実験室」と言われたF1は、現在も貴重な技術的実験の場であり続けています。このような場があることで日の目を見る技術、実戦で磨かれていく技術がある。F1は、未来を切り拓くスポーツなのです。

理想を現実にするためのイメージ

１９５０年から現在まで世界一の権威を守り続けているＦ１には、どんな思想が込められているのでしょうか。現在のＦ１を築いたバーニー・エクレストンは、Ｆ１の方向性について１９７０年代から強固なイメージを持ち、やるべきことを語っていました。

①いかにＦ１を世界一のイベントにするのか
②いかにＦ１の価値を高めるか（オリンピックに次ぐポジションにする）
③いかにスポンサーにとって魅力あるものにするか（多額のマネーがないと成立しない競技なので重要なポイント。ロータスのコリン・チャップマンが先駆者となった）
④いかに多くのファンを魅了するか
⑤いかにサーキットから「出演料」を徴収するか
⑥いかにテレビ局から放送権料を取るか
⑦クルマとしては世界一の加減速とコーナリングが必要で、いかに性能を高めていくか

バーニーは、チーム関係者に「F1を世界一にしたい」という理想の将来像を説き、全力を注いできました。ファンが目にする場所は美しくデザインされ、エレガントな空間にすることまで事細かに指示しました。その結果、オリンピックとサッカーのワールドカップに並ぶ世界三大スポーツイベントへと成長していったのです。

これほど明快なものはない

F1は世界一の座をかけたスポーツであり、技術競争であり、ライバルを叩きのめす〝戦争〟です。

参戦するチームは、すべてが勝利という究極の目標のために運営されています。勝つために、すべての力を注ぐ。世界一のレースとして、実に明快です。優れた職人は、ひとつのことに人生をかけ、人を魅了するものが生まれる。ひとりひとりがすべての力を投入して戦うから、世界中のファンを感動させることができるのです。

世界一をめぐる戦い――これほど、はっきりした目的はありません。しかも勝ち負けはグランプリごとに明確に出る。勝利の快感を一度味わったら、もう一度勝つために努力を厭わなくなります。時には負けることも必要で、足下を見つめて原点に戻り、再び挑む過程が人を成長させます。多くの仕事は即座に成果が分かりにくいものですが、F1のようにはっきりと勝負がつき、「先を見て努力する以外に勝利なし」という考え方を心から理解することができれば、個人も組織もどんどん成長します。

クルマの設計者もメカニックも監督もドライバーも世界一洗練された仕事を心がけ、「勝って世界一になるんだ」という信念のもとに働いている。だからハードワークに耐え、強大なストレスがかかる状況でも弱みを見せずに戦う。世界一を目指し、「自分は世界一のフィールドにいる」と意識することで、ものすごい力を発揮しているのです。

仕事の悩みとして「隣の席のヤツと気があわない」など、職場の人間関係を挙げる人がいますが、それが気になるのは暇と余裕があるからです。F1のように戦い続けるスポーツで戦争状態に身を置いていたら、そんなことで悩んでいる暇はなくなるでしょう。もし、そんなことを言う人間がチームにいたら足手まといになってしまいます。

世界一の仕事。世界一の技術競争。厳しいのは承知で、そんな世界に入りたい人もいると思います。私は時々「どうしたらF1の世界で働けますか?」と聞かれることがありますが、まずは「必死に勉強してください」と言うしかありません。そして、競争には勝ちと負けがあることを理解し、勝っても努力、負けても次に挑戦する精神力を身につけてもらいたいと思います。運転が苦手でも、走るのが遅くても、F1には広報やホスピタリティまでさまざまな仕事がありますから、これは自分にしかできないという強みを持てば、世界一の場に参加する道は拓けます。

F1を頂点とするモーターレーシングの世界には、あらゆる要素があります。自分だけで戦うことはできないので、それぞれ専門分野を持つ仲間とチームを組む。ひとりひとりが目標を達成するために全力を出し切り、知恵を絞る。勝っても慢心せず、負けても逃げ出さない。すべて自分の意志で、自分のためにやるので、仕事に誇りを持ち、難しい問題にも前向きに取り組み、楽しむことができる――このような姿勢こそ、どんな場所でも、どんな仕事でも役に立つ「世界一の考え方」になり得ると私は考えます。

02

アイデアを生み出す方法

ひらめきは特別な才能ではない

Ｆ１は、アイデアとイノベーションの宝庫です。古い歴史を持ち出せば、クーパー・クライマックスがミッドシップマシンとして世に出て、またたく間にＦ１のスタンダードになったこと。ロータス49の後ろにＤＦＶエンジンをくっつけて、エンジンにサスペンションをつける考え方が始まったこと。その後もファンカーやアクティブサスペンションなど21世紀の今日まで尽きることなく、さまざまな新しいアイデアが生まれ、革命に満ち満ちた世界――それがＦ１です。

私自身は、大学で振動を学び、「自動車のサスペンションと振動」という卒業論文を書いてホンダに入社しました。面接でも、入社してからも「Ｆ１をやらせてくれ」と言い続け、研究所の車体設計に配属されました。

当時は血気盛んで、とにかく貪欲に、必死で仕事をしていました。悩みに悩んで図面を書いて、夜寝ているとき、薄暗い天井に自分が今やっている設計図が浮かびあがるんです。不思議なことに、間違っている部分を示すようにスポットライトが当たっている。はっとして翌日会社へ行き、図面を見直すと、確かにそこが間違っていたのです。この現象に、私は何度も救われました。イギリスに渡ってレーシングマシンを設計していたときも、日本に帰国してレースを戦っていたときも、天井に浮かぶ図面に何度助けられたか分かりません。

なぜそんなことができたのかと考えれば、当時の私がものすごく悩んでいたからでしょう。おそらく私だけが持っている特殊な能力ではなく、誰もが真剣に悩んだら、壁を突破するために持つことができる力だと思います。

私は悩みに悩んで、設計上の間違いを見つけたわけですが、これは良いアイデアをひらめく場合も同じです。アイデアを生み出す方法は、悩むしかない。とことん深く悩む以外にないのです。だから必死に悩んで、疲れたら違うことをして、また悩む。これの繰り返しです。悩んで悩んで悩み抜いて、まったく違うことをしている時、頭がクイッと切り替わった瞬間に、ひらめくことがあります。いかに自分をそこまで追い込むか。落ちついて違う視点から見る習慣を作ることができるか。それさえできれば、ひらめきは誰にでもつかまえられるはずです。

悩むときは、マシン内部の小さなパーツのところへ入り込むようにして考える。そして、ひとしきり悩んだら、その狭いところから出て、悩んでいる自分のことを第三者的な立場で冷ややかに見つめてみる。解決策や新しいアイデアは、そういう瞬間にぱっと浮かびます。必死になるだけでなく、ふっと離れてみるのです。

ただし、考え続けて、悩み抜いていないと、ひらめくこともありません。自分には、ひらめく力がないと思うなら、おそらく悩み方が足りないのだと思います。

過去の巨人たちの肩の上に乗っている

近代F1で数々のチャンピオンマシンを生み出した天才デザイナー（現在はレッドブルのチーフテクニカルオフィサー）のエイドリアン・ニューウェイ。彼の頭の中を知るすべはありませんが、勉強家で、努力家で、敵の力を見きわめようとする鋭い感性を持っていると感じます。

おそらく彼も必死に考えて悩み抜くのでしょうが、悩みながら迷路に入るのではなく、意識の転換がとてもうまいのだと思います。思考を停止させずに、切り替える。オフの時間にレーシングカーを運転するのも気分転換に役立っているのかもしれません。

グランプリの現場で、ニューウェイは他チームのクルマをじっくり観察しています。そうすることで、自分が悩み抜いて考えていることのヒントをもらえるからでしょう。違う分野の技術、自分以外の人、モノ、自然、すべてが先生になります。学ぶことはたくさんあり、教わろうという気持ちがあれば、教えをもらうことができるのです。

他人が何を考えて作ったのか、それを考えることも発想の訓練になります。また、同じような構造物でも置いてある角度、見る角度によって、何かひらめくことがある。身近なもので言うと、たとえば机の上にティッシュの箱がまっすぐ置いてあったら何も思わなかったかもしれないけれど、たまたま斜めに置いてあるのを見て、何かがひらめくということがあります。

やはり天才と呼ばれた物理学者のアイザック・ニュートンは、万有引力を発見した時に「自分は過去の巨人の肩に乗っているだけだ」と言いました。過去の研究の積み重ねから得られた理論と技術の上に、いまの自分がいる。だから、遠くが見渡せるのだと。イノベーションは、ひとりではできない。F1も同じで、ほとんどのことは過去からつながっていてレッドブルの速いマシンが突然登場したわけではない。ニューウェイだって同時代のデザイナーや過去の巨人からインスピレーションをもらっているはずです。

考えはじめることから勝利が生まれる

レースをやっていると、勝てないとき、それは深く悩みます。いろいろ手を打って、「よし今度こそ勝てる」と思っても、また負けて打ちひしがれる。みじめな気持ちで「もうやめよう」と思うと同時に、もうひとりの自分が現れて「絶対に逃げてはダメだ」「勝つまで戦う」と言う。そこで、もう一度どうすれば勝てるのかを考えはじめる。それでようやく勝利への階段の一段目に到達したところです。

冷静な目で自分の力、チームの力を分析し、負けた原因を洗い出す。勝つために必要なことを考え、ひとつずつ項目を埋めていく。同時に敵の能力を分析する。ライバルよりも自分たちの力を高めない限り、決して勝てません。

誰もが勝ちたいのは当然のことですが、勝てるドライバー、勝てるチームは限られています。いったい何が違うのか。どうすれば他に差をつけられるのか。悩み抜いて、研究することでしか道は開けません。まだ他のチームが気づいていない何かを見つけ出す、少しでも戦闘力を高めるためのアイデアを考える——勝利への方程式はシンプルなようでいて複雑です。チームを率いる者は大所高所から見る目を持ち、人だけでなく時代の流れや経済までを味方につける力が求められます。

レースは待ってくれない

スポーツは瞬間、瞬間にすべてをかけていく。瞬間の判断と行動ですべてが決まるからスリルがあって面白いのですが、特にF1の場合はプレイヤー（ドライバー）だけではなく、すべての人間が瞬間の判断を迫られるスポーツです。

たとえばクルマがピットに入ってきてタイヤ交換するとき、ホイールガンが壊れたらどうするか？　それは担当者に任されている。作戦を練る人間は、タイヤがつらくてタイムが落ちてきている、じゃあ今ピットに入れるのか？　いつ入れるのかを瞬間で判断していく。全員がそれぞれの立場で判断して結論を出して進むスポーツは他にはあまりないと思います。さらに、スタートしたら選手や監督から「タイム」をかけて中断することはできません。

瞬間の判断が求められる反面、熟慮できる時間には、その日のすべてのラップタイムを腰を据えて分析し、明日どういう戦略で戦うのかを決める。グランプリの週末には、正解を得るために静と動のふたつの思考が要求されています。

　Ｆ１は複雑な仕事が要求される場でありながら、締め切りは秒単位です。金曜日のフリー走行開始を知らせるグリーンライトが点灯したら、走り出さなければなりません。工作機械が壊れようが何が起きようが間に合わせなくてはならない。敵と戦う前に、まず時間との競争に勝って、ようやく敵と戦えるのです。

　仕事の進渉は常に確認され、遅れている部門には対策をとります。戦いの場に身を置いていたら、うまくいかなかったときに言い訳してもしょうがない。ただ、やるべきことをやるのみです。それで、再び失敗したら何かが大きく間違っていると考えられます。チームひとりひとりが時間までに「できる」「やるんだ」という意志を持ち、気を配り、緻密に遂行すればできるという意識が大切です。

　また、締め切りがあるということは、それまでの時間は自由に使えるという意味でもあります。以前マクラーレンのスタッフが完成したばかりのウイングを旅客機に手荷物で持ち込み、日本まで運んだというエピソードが話題になりましたが、世界一を争うレース屋として、まったく当たり前の考え方です。

時間と競争し、目の前のトラブルに対処する一方で長期的な視点を持ち、ロングタームで目的＝勝利をものにしようという方針を立てる――F1は進むのをやめたら、たちまち取り残されてしまう気の抜けない世界です。だからこそ、よく考え、よく悩む。過酷な仕事だと思うかもしれませんが、常に考えていると、それだけ新しいアイデアも常に生まれてきます。それは新鮮で、わくわくする経験でもある。考え続けること、悩むこと、その行為そのものが刺激となって、新しい可能性を開くことができます。

03

命がけとは、どういうことか

リラックスしながら集中する、無我の境地

「モータースポーツは危険だ」あるいは「死と隣り合わせの命がけの仕事である」と、よく言われます。

それに対して、私は「イエスであり、ノーである」と考えています。

どんな仕事でも命を賭して、人生をかけてやることが本来の姿であり、良いものになるか、出来の悪いものになるかは命がけでやれるかどうかということになります。

F1ではドライバーもメカニックもエンジニアも命をかけて仕事をしています。だから見る人の感動を呼ぶ、想像を越えたプレーを生みだしているのです。

では、F1ドライバーは走行中や走る前に「俺は命をかけている」と思っているのでしょうか？　その答えは「ノー」だと思います。彼らは、ものすごい集中力を持ってレースに臨んでいますから、命のことを考える隙間はないのです。集中力が高まると、その時には空間が消えたり、時間が消えたり、音が消えたりします。リラックスしなが

ら集中している「フロー状態」になると、疲れも感じなくなります。これが、禅で言う「無我の境地」です。無我の境地で臨まない限り、世界一のスポーツで勝つのは難しい。つまり「命がいる、いらない」とは別次元の場所に自分の精神を持っていき、戦っている。彼らは「命をかける」という言葉が薄っぺらに思えるほど、レベルの高いところにいるのです。

2010年、そして2012年と最終戦で絶体絶命の状況からチャンピオンを奪取したセバスチャン・ベッテルは、パニックに陥らず、その日のレースをまとめることだけに集中していました。だから奇跡が起き、全世界が感動したのです。

2010年の鈴鹿、小林可夢偉がヘアピンで何度もオーバーテイクを決めたレースもすばらしかった。可夢偉選手はクルマの動きや敵の動きから、誰も気づかなかった「あのライン」を発見し、抜いていった。それで外野から見ている私は感動しましたが、本人は無心に自分の仕事をしただけで、あの場面で同じように感動してはいないのです。

一見、死とは無縁な日々の仕事でも、無我の境地に達することができれば、この上ない幸せを感じられます。どんなことでも全身全霊で取り組まなければ、先に光は見えないと思います。

死は、すぐ近くにある

昔は現在から考えると信じられないような危険なクルマで戦っていました。人の命が後回しにされる、F1だけでなく、すべてが野蛮な時代だったと言っていいでしょう。60年代や70年代は、事故が起きると死がすぐそばにありました。振り返れば、当時のドライバーたちは命をかけているという意識があったと感じます。1970年にポイントリーダーとなったヨッヘン・リントはイタリアGPの予選で亡くなり、それ以後は誰も彼の得点を上回ることなく、死んでからチャンピオンになりました。

クラッシュしたり、炎上したり、いつ誰が死ぬか分からない緊張感。そこに観客がひきつけられるという側面は確かにあり、格闘技や闘牛に似た雰囲気が漂っていました。

1981年にカーボンモノコックが登場し、ドライバーは安全になったと言われます。しばらくの間、ずいぶん死が遠のいたように感じていました。しかし、100メートルを走るトラック競技だって転倒して命を落とす可能性はゼロではありません。ましてや想像を絶する速度で走るレースは、何かあれば死ぬことを考えなければならない。

どんどんスピードが速くなるということは、それだけ余裕がなくなる。そのため死との距離は縮まっていく。スピードを極めていけば死に近づく、死はすぐ近くにあるということを私たちが忘れてはならないと思います。

自分が担当していたドライバーを亡くすことほど、つらい経験はありません。本当に自分が代わりたいと思い、何年経っても涙が出て、記憶が薄れることはありません。

高橋徹くんという選手がいました。彼は新人でF２に出てきて、いきなり表彰台やポールポジションを奪い、大きな注目を浴びていた。しかし、１９８３年10月23日の富士スピードウェイで事故が起きました。

星野一義選手の後ろに喰らいついて最終コーナーに入ったところで、スピンしたマシンが木の葉のように舞い上がり、裏返しになって落ち、観客席を直撃するという大事故でした。グラウンドエフェクトを利用したウイングカーが、あんなふうに舞いあがってしまうということは当時まだよく分かっていなかった——。

すばらしい才能を持ち、負けん気が強く、何でも吸収してレースごとに成長していた矢先の事故でした。ほぼ即死でしたが、私も病院まで付き添い、静岡県警の特殊部隊による現場検証にも立ち会いました。当時はF1という目標が今ほどはっきり見えていなかった時代ですが、そのまま成長していたら、きっとF1に行けたドライバーだったと思います。

今も私の心の奥底に、高橋徹選手の事故が刻み込まれています。しかし、どんなにつらくても人は前に進まなくてはならない。では自分は何をするのか、どう考えるのか。すべては自分にかかっていて、誰の人生でもありません。自分で自分に言い聞かせて、前に向かって歩いていくしかない。

安全性に終着点はない

1994年5月のイモラ、サンマリノGPでローランド・ラッツェンバーガーとアイルトン・セナというふたりのF1ドライバーを失ったことは、みなさんの記憶にも残っているでしょう。

あの事故でF1の安全神話はひっくり返った。我々は大きな代償を払い、「安全に終着点はない」という事実を思い知らされました。

事故はＦＩＡにも大きなショックを与え、次々と安全対策が導入されました。現在に至るまで安全性は追求され続け、以前と比べると進歩していますが、絶対安全ということはありません。「これで良いんだ」と思った瞬間に、危険が発生する。ゴールはないと肝に銘じて、安全に対する注意や集中力を絶やさないことが大切です。

人は遅かれ早かれ、必ず死にます。だからこそ、死ぬまでの過程が大事です。誰かが事故で死ぬのはつらい。それでも未来に向かって歩くしかない。悲しい事故が起きないように対策を考え、安全性を高めることも生きている私たちの使命です。

04

失敗からヒントをつかむには

やってはいけない失敗を防ぐ方法

人は失敗をする動物です。また、いかに科学が発達しようと、大昔の人も現代人も、あまり大して変わらない行動パターンを持っていると私は思います。2000年前のローマには、上下水道があり、かなりの文明がありました。人々は文明を享受しながら、悩みもあっただろうし、失敗もしたでしょう。人間の思考能力そのものは、当時も現在もそれほど変わってはいないと思います。

戦国時代の武将たちの行動パターンにも共通する部分があり、それを研究することで現代の危機や困難を回避できるヒントになるのではないかと私は常々思っています。日常生活で「あれはこうしたほうが良い」と言われることの多くは、先人たちが失敗し、それを教訓として語り継がれているものが多いのです。

レースの世界にも失敗はつきものです。クルマのトラブル、ドライバーのミス、果ては重大な事故と危機は無限にあります。レーシングチームを運営する上で、まず「人間はミスを犯す生き物だ」という前提で計画を立てていきます。

失敗は、どのような環境で起きるのか。「急いでいるとき」「過大なプレッシャー」「徹夜などの長時間労働」がミスを誘発する三本柱です。ならば、まずは環境を和らげる方法を見つけることです。

仕事場によって条件は違うでしょうが、「作業後の指差し確認」「作業後の声出し確認」「複数の人間で確認」は、おおむね有効な対策です。肝心なのは、それぞれの能力をフル稼働させることで、複数チェックとは能力を積み重ねていくという対策です。

たとえばメカニックのAさんが作業したあとに、もう一度Aさん自身が他人の目で指差し、声出し確認をします。同じAさんではありますが、他人の目を持つことで「複数チェック」の始まりです。次にBさんが同じように点検する。場合によってはCさんも加わる――これを繰り返せば劇的にミスは少なくなります。

ただし、このように点検のゲートを増やしていくと作業効率が落ちます。これは、どのチームでも悩むことで、どこかで妥協するしかない。その範囲で、できる限り「複数」で確認するシステムを作ります。

それでもミスをゼロにすることはできません。もうひとつ、別の視点から危機を回避する方法を考えてみましょう。それは、複数の力を合わせるとともに、ひとりの能力を高めていくことです。個人が失敗する原因として、「勘違い」「うっかり」「慢心」「集中していない」などが挙げられます。まずは失敗しないように、何度も何度も繰り返して「修練」する。これでミスが発生する確率を下げることができます。

そして、正確な判断をするには、どんな環境でも、窮地においても平常心を保つことです。自分の立っている位置を自覚して、周囲に神経をはりめぐらせる。敵の動きを察知し、仲間の考えを予測して「レースがこう展開したら、こう動く」と先回りする習慣をつける。ミスを防ぎ、トラブルが起きても迅速に対応できる力を養う。つまらない失敗をしないためには「絶対ミスしない」という強い意志が効きます。そう思ってやった仕事と、なんとなくこなした仕事では出来がまったく違うはずです。

ここまで注意しても、やはり失敗をしない人はいません。どうやっても何を学んでも失敗します。そうなると、どうすれば被害を食い止められるのか、ダメージを最小限にすることを考える必要があります。同じミスでも、いかに影響を小さくするか。失敗しても、それをカバーするシステムを作る。マクラーレンのピット作業中にトラブルが発生して、ジャッキが折れた瞬間、次のジャッキが出てきたことがあります。ミスがないよう、あらゆる対策をした上でダメだったときにどうするか。F1のように勝ち負けを競う場において、肝心なのはミスをゼロにすることではなく、最終的に勝つことです。

ミスを許さないというメッセージ

2013年のF1でもピット作業の失敗がいくつもありました。マレーシアでフォースインディアに起きたトラブルは、おそらくホイールナットが熱で膨張したため締められなくなったのでしょう。多くのチームは木曜や金曜にホイールナットが冷えた状態でピットワークの練習をしていますが、本来はフリー走行後、ナットが熱い状態で練習したほうがいい。しかし、フリー走行後やるべきことが多すぎて、ピットワーク練習の優先順位は低くなってしまう。ひとつのミスでレースが台無しになってしまうのですから、失敗の原因がどこにあったのかを冷静に分析し、それを土台に対策を練らないと、また失敗することになります。

あるメカニックが重大なミスを犯した場合、即刻クビにすべきかどうか？　実際に、そういう事例は数多くあります。これは難しい問題ですが、チームは断固とした態度を示すべきだと思います。なぜかというと、そのメカニックを不問にすればチームがミスを許したことになる。ここで対応を間違えると、それまでミスをしないように集中していたスタッフからチーム首脳陣への信頼はなくなります。戦う組織のトップは「何があろうとミスは許さない」という態度を貫くしかない。チームの規律を守るために、「泣いて馬謖を斬る」ことも必要です。

また、失敗を犯したにもかかわらず「私の責任ではない」と言うスタッフがチームに存在してはいけません。ミスを認められれば再発防止へ進めますが、「自分のせいではない」と言う以上、本人の反省はない。それでは、また同じミスが起きてしまいます。

挑戦しなければ、取り残されていく

では、私は失敗を許さない人間かというと、それは違います。人も、チームも、企業も大いに失敗してほしいと考えています。取り返しのつかない失敗、つまらない失敗はダメですが、将来につながる挑戦的な失敗なら、どんどんしてほしい。研究や開発をしていれば90%以上が失敗で、そのたびに「こっちの方法じゃないんだ」と気づいて、やり直しては核心に近づいていくものです。

現在、日本の大企業の多くは成果主義を採用していて、しかも減点法なので、挑戦を許さない傾向にあります。本来なら「もっと良いものがあるはずだ」と考えるところで「今うまくいっているんだから変える必要はない」と、あぐらをかいていたら取り残されていくしかありません。失敗を恐れるがゆえに、必ず成功することばかりやっていたら、成長するチャンスもなくなってしまう。その結果、低迷している企業も多いのではないでしょうか。

何もしなければヒントは見つかりません。新しいアイデアを思いつき、それを実行し、失敗をすれば、必ずいくつか学ぶことがある。何かにチャレンジするから、ヒントにたどりつくことができるのです。若いころ失敗を経験していないと、意思決定をする立場になったときに必要な「予知能力」が身につきません。挑戦することなく、失敗することもなかった人は、事なかれ主義となり、周囲を批判するようになります。

本田宗一郎さんも、こう言っていました。「若いときは二度とないから思い切ってやってもらいたい。若いうちの失敗は会社が危なくなるほどの失敗ではない」と。

私自身、ホンダで働いていた時代は失敗だらけでした。研究所で市販車のブレーキの配管を車内に通す設計をしたのですが、まだコンピュータもない時代、手書きで設計図を書いていました。ある日、宗一郎さんから「この図面を書いたやつは誰だ?」と呼び出され、てっきり褒められるのかと思って行ったら、ひどく怒られたことがありました。スパナは飛んでくるわ、避けた頭を壁にぶつけて痛いわで大変な騒ぎでした。配管が他の部品に近かったのか、とにかく気に入らなかったようです。

そのように、宗一郎さんは気に入らないものに対しては激しく怒り、まず自分の意見を言うのですが、それを一方的に押しつけるようなことはしませんでした。

1972年にホンダは低公害のCVCCエンジンの開発に成功しましたが、研究中、宗一郎さんが排気を嗅いで「かすかに変な匂いがする」と指摘したことがありました。分析すると、有害なガスでした。宗一郎さんは常に自分の会社の製品に命をかけている人です。だから、私の設計図を見て自分の失敗のように怒り、こらえきれずスパナが飛んだのでしょう。宗一郎さんは、こんなことも言っています。

「同じ失敗を繰り返してはいけない。原因が違えばいいけれど、同じ原因の失敗は二度と繰り返すな」

05

戦うためのマネージメント

勝つためには、どんな人が必要か

Ｆ１はドライバーの力がすべてではなく、チームがファクトリーで道具（クルマ）を作り、団結して敵と戦い、従業員（チームスタッフ）に賃金を支払うスポーツであり、不思議なビジネスでもあります。Ｆ１チームもひとつの会社ですが、「勝つことを目的とした特殊な集団」と言えます。

そのために「優秀な人材」と「良いマネージメント」は必須です。どういう人が良いかというと、意志が強く、あきらめない、危機に面した時でも冷静で、客観的に自分たちを見ることができる能力を持つ人が望ましい。

自分を律することのできる「自律心」が非常に大切で、自律する力があれば、流れに流されず、自分はどうすれば良いのか判断できます。そういう人は、仮に最初は知識がなくとも、いずれ組織をまとめていくポジションにつく能力があると思います。

ただし通常の面接で、そのような資質を持つ人を見つけるのは非常に難しい。まずは仕事をやらせて適性を見て、向いていないと思ったら辞めていただくということもマネージメントの大切な役割です。

では、反対にどんな組織だと負けてしまうのかを考えてみましょう。

①平時には順調でも、危機に面するとパニックになる人が多い
②上から下へ一方通行の命令が多く、情報が上に伝わらない
③危機管理の習慣がなく、問題があってもその芽を摘まない
④新しい視点を持てない

そんな組織で良い成績は望めません。この4項目を克服する能力を持った集団を作り上げれば、良いチームになっていくのではないでしょうか。

実際、世の中にある多くの組織は冷静でいられない人や理想的ではない人の集団でも成り立ってしまうことがあります。だからこそ理想的な人材を多く集めることができればレースを戦う上での力は高くなります。

小さなことを見逃さず、ていねいな仕事を心がけるのは当然のことで、もうひとつ重要なのは持久力です。どんなに頭脳明晰でも体力、そして気力がなくては戦えません。F1はもちろん、どんなレースでも戦いは1戦のみではなく、延々と続きます。戦うと

きは強い集中力をもって戦い、気を抜くときには抜く。今日勝つだけでなく、1年後にトップでいられるかどうか。長期戦でも疲弊することなく、強靭な意志を持ったスタッフを揃えるのは難しく、育成には時間がかかります。

適材適所を見きわめる力

「人間は100人いれば100人違う」ということを、トップは理解しなければなりません。簡単な仕事であれば誰でも同じようにできますが、難しくなればなるほど能力の差が出てきます。なんの制限もなく、単純な計算をやってと言えば、ほとんどの人が余裕を持ってできる。しかし「1分間で」となるとプレッシャーがかかって間違えてしまう人が出てくる。メカニックにギヤボックス交換を命じて「15分以内だぞ」と言うと、手が震えて、とんでもないミスをすることもあります。

基本的に練習の段階で完璧にできないことは、本番では絶対にできません。ある程度プレッシャーがかかった状態で、その人がどう動くかを見ないと真の能力を見きわめられないのです。

プレッシャーのかかった状態で力を出すためには、自分を「その場」に置かないこと。意識を離れた場所に置き、自分を客観視すること。そして「絶対にできる」というイメージを持つことです。

人によって向き不向きがあると言われますが、「向いていない」というのは「成果が上がっていない」からだと思います。結局は、その仕事が好きなのか、嫌いなのか。嫌いなことをやらせても、うまくなりません。自分の好きなことだったら頑張れるもので多少の無理もできます。

適材適所の見きわめは非常に難しい。しかし、F1チームはもちろん、軍隊や警察のように不適切な配置が命取りになってしまう組織ほど、そこを考え抜いています。もしリーダー向きではない人を学級委員に選んだとしてもクラスがめちゃくちゃになることは少ないでしょうが、目的が明確で失敗の許容度が低い組織であればあるほど、誰をリーダーに据えるのか、いかに適材適所を考えるのか、それが重大な課題となります。

たとえば警察では、どのように人事を決めているのか。『「捜査本部」というすごい仕組み』（マイナビ新書）という本にヒントがありました。犯人を捕まえるため、警察が捜査本部を作り、どう機能させていくのかについて書かれています。メンバーは都道府県警察本部の捜査員と所轄署（事件が起きた街の警察署）から吸い上げられた刑事の混成部隊で、言ってみれば「寄せ集め集団」ですが、各捜査員に「犯人検挙」という同一のベクトルを設定することで、モチベーションが一気に高まっていく。まさしく「チーム」としてまとまっていくのです。リーダーが集団に対して明確な目的を与えることができれば、チームのまとまりは強くなります。

そこでのリーダーは、ただ上から命令する「支配型リーダー」ではなく、部下に奉仕する「サーバント・リーダー」が求められる、とありました。リーダーは捜査員ひとりひとりの欠点を見るのではなく、ひたすら長所を探りあて、この人は我慢強いから「張り込み」担当——のように適した役割を与えているのではないかと想像できます。

ワンマンか、合議制か

Ｆ１チームに限らず企業や国家においても、ワンマン体制には短期間で飛躍的に進歩できるという利点があります。ですが、それはトップのレベル次第となり、トップの能力より上に行くことはない。どんなに優れたリーダーでも、ワンマン体制には弊害があります。部下が指示待ちとなって自分で考えなくなり、新しいものを生みだせなくなる。トップが「考えろ」「好きなようにやれ」と指示したところで、結局はトップの意向で決まるとしたら部下は気が乗らない。すべてがトップの意向だけで動いている効率の悪い組織になってしまいます。かつてエイドリアン・ニューウェイはマクラーレンに所属してチャンピオンマシンを生み出し、大きな成功を収めましたが、当時チームのトップだったロン・デニスが何かと口を挟んでくる。結局、彼は自由にやらせてもらえないと感じたのかマクラーレンを去りました。スタッフにどこまで任せ、どこまでコントロールするか、チーム運営の加減は難しいのです。

ただし、レースの現場は勝利をつかむための「戦争」なので、軍隊のようにシンプルな組織が必須です。みんなで相談する時間はなく、優秀な司令官が責任を持って即断即決し、指示を出すワンマン体制をとるしかありません。最終的に決断するのはトップの仕事ですが、チームにはそれぞれの専門家がいて決断の材料となる情報を進言します。それらをきっちりと聞く耳を持たない人は司令官となる資格がありません。全員に好かれる必要はありませんが、尊敬されていないとチームが弱くなります。トップの指示が上から下まで通り、風通しの良い関係になっていれば最高の状態です。

トップは困難な道を選ばなければならない

1995年のル・マン24時間レースで、私はGT2クラスの「チーム国光ホンダNSX」を指揮していました。ホンダはイギリスのレースガレージにマシンをカーボンで武装するようにオーダー。万全のはずでしたが、現場ではマフラーが装着できなかったりと予想外のトラブルがありました。スタート前にはセンサーからオイルが漏れ、白煙が上がったためピットで修理。最後尾から追い上げる困難な戦いとなっていました。

最大の危機は、深夜3時21分に飯田章選手から土屋圭市選手に交代し、午前4時を少し回ったころに訪れました。トップ争いをしている土屋選手からの無線は「左側のヘッドライトが切れた」という内容でした。

そのとき小雨が降っていて非常に視界が悪く、いくつかの重要な左コーナーでヘッドライトの灯が届かないと大変危険な状態です。

「それは左だけ?」と、私は聞き返しました。

「そうです、左側だけ」

「右は点いていますか?」

「右は点いています」

「わかった。じゃあ、しばらく我慢して走ってほしい。こっちで調べるから」

そう無線で応え、NSXの電気配線図を引っ張り出して検討しましたが、何が原因なのか、すぐには突き止められない。ただ、ラップタイムはコース上の誰よりも速かったのです。そのまま走り続ければ、事故を起こしてリタイアするかもしれない。しかし、ピットに入れて修理すれば時間がかかり、優勝の可能性を放棄することになる――。

土屋選手は再び無線を入れてきました。

「ピットに入って修理したほうがいいと思います、危ないです」

チーム全体が「もうピットに入れて修理するしかない」という空気に包まれました。

しかし、私は困難な道を選ぶことを決断しました。

「ピットインはしない。事故が起きたら、俺が責任をとる」

「このまま走り続け、予定どおりピットに入るタイミングで修理する方法を探そう」

そう告げると、ガレージを満たしていた緊迫した空気が晴れ、チーム全員が吹っ切れたように、それぞれの仕事を始めました。


この決断が、日本車と日本人ドライバーによるGT2クラス初優勝に結びつきました。ヘッドライトは切れたのではなく、NSXのリトラクタブル（開閉型照明）が振動や風圧などで故障し、閉じた状態になっていたのです。あそこでピットインしても、リトラクタブル構造の修理は無理でした。ピットに入って20分、30分を失えば、表彰台の栄光はなかった。土屋選手は、つらいドライビングに耐え、やがてGT2クラス1位に上がり、朝を迎えて視界もクリアになったところで交代しました。きつい任務を終えて倒れこむほどでしたが、よく走ってくれました。ゴール寸前にエンジンが止まりましたが、これはガス欠によるもので、リザーブタンクのスイッチを高橋国光選手に入れてもらい、無事にゴールしました。

決断を迫られたとき、迷いはありませんでした。自分たちは勝つためにレースしている。その目標に到達するために一番の答えは何か。必死で、そのことだけを考えていると状況がよく見えて、自信を持って決断できます。司令官が良い状態にあると、迷わず決められるので躊躇せず、すぐに指令を出すことができる。早く手を打てば、すべてが良い方向へ進みます。

私は「トップは岐路に差しかかったとき、楽な道を選んではいけない。常に困難な道を行くべきだ」と考えています。もし楽な道を選んだのに、そこで突発的な事件が発生したら、あわてることになってしまう。最初から困難な道を選んでいれば、苦しいことはわかりきっているのですから、トラブルが起きて当たり前。頑張って乗り切る力が湧いてきます。たとえ失敗したとしても悔いはありません。

06

お金があれば勝ちなのか

勝つための資金を調達する人

Ｆ１は途方もないお金を使うスポーツです。小さなチームでも50億以上、トップチームともなれば年間予算は２００億を超える額になります。それだけの資金を投じて、プロフェッショナルなスタッフひとりひとりが勝利という目的に邁進する。クルマを速くするために、重箱の隅にある小さな部分に活路を見出して巨額の開発費を割り当てる。資金に余裕があるチームは、とにかく効果があると考えられることを、すべて試す。お金に糸目をつけず、落ち穂拾いのように細部まで妥協しません。現代のＦ１では、１０００分の１秒速くするのに１０００万円かかると言われていますが、しばらく技術規則が変わらず開発が煮詰まってくると、もっと多くの資金が必要になってきます。

では、お金があれば勝てるのか？　それは難しい問いですが、資金が多ければ勝てる可能性が高いことは確かだと思います。だからと言って、お金さえあれば良いというものではありません。

Ｆ１における〝金食い虫〟はマシンとドライバー。なぜなら、このふたつが成績の善し悪しを左右する重要なファクターだからです。

F1マシンは量産品ではなく単品のオリジナルで、ゼロから開発し、設計〜試作〜テスト〜シミュレーションを繰り返します。1000点を超える部品も同様にいくつもの工程を経てクルマに装着されます。手間もかかり、技術者も工作機械も必要で、とんでもないお金がかかります。

そしてF1ドライバーは、たとえば3歳からカートを始め、あらゆるカテゴリーでチャンピオンになり、メーカーやスポンサーのサポートを得てレースをしてきたような、天性を持つ人間の集まりです。彼らの年俸は相当なものですが、ドライバーの出す結果がチームの命運を左右するのですから、その価値が正当かどうか、非常に厳しく評価されることになります。

チームを支えているのは、F1の商業面を統括するFOM（フォーミュラ・ワン・マネージメント）からの分配金とスポンサーマネーです。強いチームを作る条件として、すばらしい設計者、速いドライバー、充実した設備、優秀なスタッフ、正しい方向へとチームを導く司令官は必須で、さらに資金を獲得できる人の存在が重要になってきます。お金が潤沢にあれば、勝つために必要な材料——人とモノを集められるからです。

お金があっても勝てない理由

　これまで資金は十分あったにもかかわらず、期待したほどの成績を上げられないまま撤退となったチームは数多くあります。トヨタやホンダの第三期など自動車メーカーが失敗した原因は、勝つための人とモノを揃えることができず、良い組織を作れなかったところにあると私は見ています。

　一般的な日本の大企業の会社組織で、ワンマン体制は認められません。何か起きたときに個人が責任を持ち、即座に決断して指示を出すという習慣は、めったにない。何十億円単位のビジネスを決定する前には集まって何カ月も議論をして予算を組むため、責任は曖昧になります。そのような組織から、いきなりF1に来て瞬時に決断しろと言われても、できるわけがない。多くのファクターが存在するレースという流動的なものに対応できる組織を作らない限り、戦えません。

　何十億もの予算をかけていることに対して一瞬で判断できる人は、通常営業している会社には必要ない。しかし、そういう人間がいなければF1はできません。

　一方で、十分なお金がないとしてもレースに勝つことはできるのです。２０１３年シーズンのロータスはレッドブルやフェラーリなどトップチームと比べて少ない予算で戦い、勝利を挙げました。そのような条件で戦う場合、何千万円もかけて開発して1000分の1秒タイムが上がるような部分は思い切って捨てる。そして、それ以外の部分を絶対に外さないように集中する。このようにトップが基本方針を決めて、技術スタッフが理解する。そこがしっかりしていれば、低予算でも戦うことができるのです。チームとしては、まずチャンピオンシップの戦い方を考える。現状タイトル獲得は難しいとなれば、クルマの適性を考えて重点グランプリを定め、そこで勝利や表彰台を狙っていく。ただ漠然と参戦しているだけでは、チームの士気も下がってしまいます。

普通に考えれば、最も資金の多いチームが勝利するのは当たり前ですが、決してそうではないところに面白さがあります。

日本でグループCカーによる耐久レースをやっていた時代、私はプライベートチームのポルシェ956／962Cを担当していました。メーカーのワークスチームは潤沢な予算を持っていましたが、我々には予算がありません。そこで「どうすれば差をつけられるのか」を考え抜きました。まず、ピットストップ時のインラップとアウトラップを懸命に走るようドライバーに指示して、その練習を繰り返しやりました。燃費走行を追求して、ガソリンの量もグラム単位で管理しました。給油量を重さで考える方法は、私たちが日本で最初にやりはじめたのです。とにかく「戦う意識」を持ち、できることを徹底的にやる。それによって大金を投じることなく、秒単位の短縮を積み重ねて、何度も優勝することができました。

仕事への評価は他人が決める

ドライバーやスタッフの年俸は、作業に対する対価です。その人にしかできないことがあり、特別な能力を持った人は高くなります。

責任の重さにも対応していて、部署の長は責任を持たされているので高くなり、部下をまとめて違う意見を吸い上げていく能力に対しても評価がつけられます。

F1ドライバーの年俸は、もちろん能力によるものですが「相場」という要素が強く、あちこちのチームが欲しがる人気のあるドライバーならば当然高くなります。

私は若いころ、自分自身に対して、ひとつ決めたことがあります。

「1円でも、お金をもらったらプロである」

そしてプロになったら、自分で自分の仕事を評価してはいけない。自分で自分の仕事に値段はつけない。それは、お金を払う人が決める。たとえ評価が「1円」だとしても「じゃあ、この程度にしておこう」と手を抜くような考え方は問題外です。目の前の仕事を、しっかり片づける。すべてにベストを尽くす。評価は他人が下すものです。

これは自己主張をしない、という意味ではありません。もし「自分は1000円の価値がある仕事をしているのに、1円しかもらっていない」と思うなら、明確なデータを示して、お金を払う立場の人を納得させればいいのです。きっちりとした裏付けを出すには、自分の専門分野以外の知識も必要になるでしょう。いろいろなことを知っていれば、それだけチームの戦力になると評価されます。


人間に対する評価は、とても難しい。ひとつの基準で、すべてを測ることはできず、評価するのも人間である以上、感情にも左右されます。自分に対する評価が正しいものかどうか、それはわかりませんが、自分で自分の評価はしないと私は決めました。

どんなに自分が頑張って仕事をしたとしても、レースで負ければ「でも、頑張った」と思ってはいけません。勝つためにベストを尽くし、それでも勝てなければ、敗因を考えて、さらに挑戦する。つらいとき、その場から逃げないこと。つらくなると何か理由をつけて逃げ出す人は評価に値しない。これだけは確かです。

1円でも報酬を受け取ったらプロであり、報酬の良し悪しで仕事の中身が変化することは決してない。今でも、その考えに変わりはありません。

07

日本から違う文化へ飛び込むとき

マイナスからプラスへ

私は1973年にホンダを退職し、イギリスのノーフォーク州にあるレーシングカー・コンストラクターのGRDで設計の仕事を始めました。27歳のころです。

あらためて、そのとき意識したのは「自分は一生をかけて何をすべきか?」ということで、答えは「自動車が好きで、レースが好きだから、レースに携わる仕事をしよう」という強い決意でした。ホンダで仕事するのは好きだったのですが、当時はアメリカのマスキー法に対応するため低公害車に力を入れていて、レース活動を休止していました。だから、私は新天地を求めることにしたのです。

イギリスはレースの本場でF1チームも多い。一流の人間が集まって、しのぎを削っています。そこに身を置くのは幸せなことであり、自分の力も伸びていくと信じて努力しました。もし周囲に優秀な人が誰もいなければ、うぬぼれてしまったでしょう。それは、不幸な環境です。自分を高めたいなら激戦地帯に身を置くことが一番です。

まだまだ古い時代で、私は遠い国からやってきた〝黄色い山猿〟そのものでした。森脇という人間を評価する針があるとすれば、最初はマイナスの位置を指していました。

それを自力でゼロに戻し、プラスにしていく日々でした。何の保証もなく、いつクビになるかわからない実力だけの世界。自分に力がなければ、たちまち食べていけなくなるとは感じていました。しかし、若かったせいなのか恐怖は感じず、ひたすら仕事に励みました。先人たちに追いつき、速いクルマを設計することしか頭になかったのです。

英語はホンダ時代から海外の部品メーカーと直接やりとりしていましたが、英国に来た当初は電話が苦手でした。それでも数カ月後には電話での会話も気にならなくなったと思います。アメリカ英語ではなく、正しい英国式の英語で話すことも心がけました。

日本と英国は、すべてが違います。まず、どちらが良いとか悪いとかいうのではない文化の差がある。私は、英国では親からの自立が早く、若いころから独立して自分の道を歩くので、同年代で比較すると自分に責任を持っている人が多いと感じました。親から早く独り立ちできるようプレッシャーをかけられることもなく、横並びで常に他人と比較するだけの教育を受けてきた人間は外国では戦えません。このハンデを克服するには、自分で自分にプレッシャーをかけること。私も自分にプレッシャーをかけました。

何事にも誠実で、努力を惜しまない姿勢。どんなことがあってもめげない精神力。プレッシャーに強い気力と体力。異国の地で、人より抜き出たところを証明するには、どうするのか？　言葉は違えど、私は同じ人間として立ち向かおうと思いました。
英国で、仕事を始める前から決めていたことがあります。

①自分の気持ちを律する。自分に規律を持たせ、気持ちが切れないように。
②何事にも目標を持ち、自分を磨く。
③集中して忍耐強く努力する。
④相手を尊敬し、嘘をつかない。
⑤愚痴は言わない、後悔しない。
⑥やり続けること。失敗しても、馬鹿にされても続ける。

この6項目を守れば、絶対に理解してもらえると信じて、仕事に邁進しました。

住んでいたのはカーブロックという小さな村でした。好きなことをやっているのだからストレスはなく、食事や環境の変化も気になりませんでした。ただし、自分が設計した部品がクルマに取りつけられて走り出すときはピリピリして、胃が動かなくなることがありました。今ではコンピュータが人間に代わって強度計算してくれますが、昔は自分で想像して計算するわけですから実際に走るまでは安心できなかったのです。

森脇を評価する針は、やがてマイナスからプラスに変化したようで、チーフデザイナーを任されることになりました。〝山猿〟の私に対して最初は確かに偏見があったと思います。それでも仕事ぶりを見て、認めてくれる。現在でも日本人というハンデはゼロではないでしょうが、乗り越えられないものではありません。

相手の文化を尊重する

海外で働くにあたり気をつけたいのは、相手の宗教、文化、習慣を認めて批判しないことです。日本から英国に行くということは、先方の自宅にお邪魔して家に入れてもらっている状況ですから、誠実な態度で相手のほうに合わせなくてはいけません。

人間が幸せに生きるための心得は、どこの国にも共通するところがあります。それは──愛すること。許すこと。尊敬すること。足るを知ること。

これは民族が異なっても、通じます。

仕事をする上で同じ民族、たとえば日本人同士だと甘えが出て、なれあいになってしまうことも多いのですが、異民族の中で甘えは許されません。日本人は「訓練を重ねて向上する」ところが優れているので、長所をアピールしていく必要もあります。多くの日本人は海外へ出ると言っても、片足は日本に残しておきたい性分があるように感じるので、「未知の場所へ行って両足で立つんだ」という気概が必要だと思います。

英国式から学ぶこと

イギリスは大人の国です。列を作ったら割り込みません。公共の場で大声で話す人はほとんどいません。礼儀と礼節が大切にされています。世襲制度を守り、階級社会でもあるので、リーダーとなる人は徹底的に勉強しています。将校には、部下の兵卒を守る責任があるからです。自分の職業に誇りを持ち、分をわきまえている人が多く、指揮系統のはっきりした専門家集団の組織に向いています。

映画『戦場にかける橋』に、英国における指揮官と兵隊の役割がうまく描写されています。橋は兵隊がいるだけでは完成せず、指揮官の指示がいる。それぞれが自分の範疇を分かっていて、そこでベストを尽くす。指揮官は、持ち場と持ち場の間に隙ができないように考える。あくまで映画ですが、当時の日本軍との違いもよく理解できます。また、彼らは非常にしぶといと感じます。負けても、負けても戦う。戦って最終的に勝つためには補給と持久力が必要だと知っている。戦うときとリラックスするときの切り替えも優れている。延々1年を通じてチャンピオンシップを争うF1のような競技に、ぴったりな国民性と言えます。

英国人に限らず、F1チームはミーティングに時間を費やします。異なる民族の集りで、教育課程も違う。とっさの場合の動き方も違う。物の感じ方や考え方がバラバラではチームがまとまりません。だから共通の認識を作るために、とことん話し合う。阿吽の呼吸、言わなくてもわかる、態度で示す……これでは誤解を生むだけです。相手を理解するには向き合って話すこと。お互いを知り、能力を見つけ出していくのです。

日本の組織の問題点は、個が成立していないことだと思います。まず組織があって、そのなかのひとりという意識が強い。英国のように、まず個人がいて「オレの組織はここだ」という考え方とは決定的に違います。ひとりのメカニックが「ここは自分の領分でオレの責任でやっているんだ」という強い意志を持っている。そういった個人の集まりだから、強い組織になっているのです。

日本人は忍耐強いと言われていますが、どちらかといえば短期決戦が得意なのではないでしょうか。オンとオフの切り替えが下手で、悩みをひきずる傾向があるので、長期的な戦いになると疲弊してしまう。しぶとい戦いは苦手分野だと思います。

かつてホンダで第一期F1をやっていたある方から、こんな話を伺いました。

「自分たちはF1をやり、勝ったこともある。日本ではホンダだけだと、もてはやされ、海外でも評価されたと思っていた。ところが英国のF1の本を見たら、ホンダの記述は1ページだけで、あとは知らないチームやアルファロメオの話ばかりだった」

やはり、ずっと続けていかないと本場では認められません。

本気でF1をやりたい、レースの仕事がしたいという気持ちがあるなら、ぜひヨーロッパに行って自分を磨いてほしい。国境を越える仕事は他にもたくさんあって、日本でしかできないこともあれば、広い世界を相手に考えたほうがいいこともあります。

そう決めたとき、世界で通用するために何が必要なのか？　絶対に夢を叶えるという強い意志、ひとりで未知の世界へ飛び込む勇気、多勢に流されない独立心を持ち、精一杯の努力をしてください。

08

コミュニケーションの難しさを乗り越える

「脳」の違いを意識する

サーキットにコースインしたクルマが何周かしてピットに戻ると、ドライバーとエンジニアが話し合っている光景を目にします。レースに向けて、速いクルマに仕上げていくため、双方が必死にコミュニケーションを取っているのです。この作業は一筋縄ではいきません。

ドライバーはスポーツマンですから、感覚で動きます。使っているのは右脳。右脳は、ひとことで言うと「五感を通した感覚」を取り扱います。右脳は瞬時に直感的に外部の情報を認識して判断する。右脳の記憶容量は左脳よりも大きく処理速度も速いので、ドライバーは膨大な量の情報を処理しています。

これに対してエンジニアは、左脳を使っています。左脳は文字や数字を論理的に分析する働きをしています。

ドライバーとエンジニアとでは使っている脳が違うのです。コミュニケーションを取るために使うのは、左脳です。人間は他の動物に比べ、左脳を発達させて今の文明を築いてきました。技術の伝承や解明を行うのも左脳です。つまり、レースの現場でクルマを速くするためには、右脳を使う人間と左脳を使う人間がしっかり情報交換できなくてはなりませんが、これは「ほぼ不可能なこと」だと言っても過言ではありません。

ドライバーは感じたことを言葉にして表現します。それはアナログの表現なので、エンジニアはそれをデジタルに変換して整理し、指示していく。エンジニアは一種の「デジタル変換器」であると言えます。

ドライバーとエンジニアは共通言語を作ってコミュニケーションする必要があります。最初の一歩として「お互いが相手を理解できない」ことを理解しなくてはなりません。「わかっているだろう」「わかってくれるよね」といった曖昧な関係では、絶対に理解しあえないのです。

ドライバーの表現方法に規制を加えてもいけません。まずドライバーには感じたままを、きちんと表現してもらいます。

エンジニアはドライバーが表現した言語をデジタルに置き換えながら、相手の言語の意味を見きわめ、整理して、自分の中に蓄積します。たとえばドライバーが「あ」と言ったら、「A」に相当する——というようにドライバー専用の解読辞書を作っていくのです。この作業をしっかりできるエンジニアが「理解力がある」ことになります。

質の高い経験を積み、良い教育を受けてきたドライバーは、クルマで起こっていることをエンジニアに丁寧に説明できるので、クルマを適切な方向へと仕上げるまでに無駄な時間がかかりません。

良いドライバーは「エンジニアがこれをしてくれたらクルマはこうなった」――その事実を自分の脳に埋め込んでいきます。ドライバーとエンジニア双方の「解読辞書」が緻密に構築されて、ようやく共通言語ができるのです。

言葉に隠されたものを読む

ドライバーの表現は理路整然とはしていません。運転していて気に入らないことがあると、それを大げさに表現します。よくあるのが「オーバーステア」と「アンダーステア」ですが、時間も場所もアンダーやオーバーの量もまちまち、表現もまちまちです。

その現象を正しく理解するために、エンジニアはドライバーに「1コーナー」から順を追って話をするように勧め、常にそういう心がけで接します。

ひとつのコーナーを最低3つに分け、その時スロットルはオンかオフか？　ブレーキはオンかオフか？　舵角はどうか？　それらを明確にして状況を表現してもらいます。そこまでを上手に表現できたら、次はデータに出ているかどうか裏づけを取っていきます。細かい作業を重ねて、ドライバーが表現しきれない部分を究明していくのです。

コーナーでリヤが必要以上に流れて「オーバーステアだった」と言うドライバーがいるとします。実際には、その現象の前にステアリングを切ったことが原因でリヤが流れていて、実は「アンダーステア」だということがあります。データロガーがなかった時代は、これを発見するまでに時間がかかりました。基本的な事例ですが、言葉を言葉どおりに受け止めていると事実を見誤ってしまいます。

Ｆ１ではグランプリごとにアップデート用のパーツが持ち込まれ、金曜日のフリー走行で実際に走行してフィーリングを確認しています。どれだけ性能が上がり、タイムに貢献するか理論上の効果は計算されていますが、ここでドライバーという人間が介在する。数値として効果があることはわかっていても、ドライバーが運転しづらい、違和感を覚えるなら使わないほうがいいこともあります。

ドライバーも人間なので時には感情的になり、表現が日替わりということもあります。そこを読み取るのはエンジニアの仕事で、常に精神状態が安定した状況で話をする習慣を作ることも大切です。

このような話をすると、ドライバーの表現はいいかげんなものであるという誤解を受けそうですが、ドライバーの感性は非常に鋭いのです。パーツの比較テストをすると、「先日あのコーナーではアンダーステアがこのくらいだったけれど、今日はこれくらい」といったフィードバックがあり、「先日」の感覚が正確に記憶されています。開発を進める上で、優れたドライバーの持つセンサーの鋭さと記憶力の良さには、いつも驚かされています。Ｆ１は地面とタイヤのグリップ限界をドライバーが身体で感じるスポーツです。コンピュータのシミュレーションやデータを過信して、彼らの繊細な感覚、アナログな部分を無視すれば落とし穴にはまってしまうでしょう。

コミュニケーションする力とは

私が考える理想のドライバーは、速いこと、あきらめないこと、研究熱心なこと、ぶつからないこと。

ぶつかってしまうドライバーは、クルマの持つスピードに自分が追いついていないということであり、クルマと対話ができていない証拠です。

口下手でエンジニアとコミュニケーションができなかったとしても、そこはエンジニアが補えば良いことです。理路整然と話ができなくとも、順を追って話をさせるようにすれば問題ありません。

大事なのは、１０００分の１秒でもタイムを向上すること。レースの戦い方を理解していること。敵の弱点を研究していること。速く走り、他のドライバーと戦える力があり、敵を抜くだけでなく、敵の姿が見えないタイムレースでも状況を理解してベストを出せること。そのような力が必要です。

私がチームのエンジニアやメカニックに日頃から言っているのは「ドライバーに言い訳させるな」ということです。ドライバーの要求はすべて聞き、言い訳のできないクルマで送り出す。すみずみまで気を配れば、クルマのせいにして言い訳するような逃げ場はなくなります。ドライバーに、条件が整っていないからタイムが出ないと思わせないような環境を用意するのがチームの仕事です。

ドライバーの言い分にも個性があって、キミ・ライコネンは本当に必要な2～3つだけに絞って要望を伝えてくるそうです。そして要望どおりに直すと、ちゃんとタイムを上げてくる。一方で非常に細かく文句を言い、すべて直したのにタイムは変わらないというタイプもいます。現場で作業できる時間は限られているので、無条件にドライバーの要求を受け入れるのではなく、最適な解決策へと導くのもエンジニアの仕事です。

優秀なエンジニアの条件は、ドライバーの言葉とデータを駆使して走行中に何が起きているのか見きわめられること。ドライバーに気分良く運転させ、「ひとりで戦っているんじゃない」と思わせること。ただし、集中を妨げるようなことをするべきではありません。ライコネンが無線で「ほっといてくれ（Leave me alone）」と言ったときは、エンジニアの言葉が集中力を乱してしまったのでしょう。実際に、無線でやりとりしているとタイムが遅くなってしまうドライバーもいます。そのような場合、私はドライバーが直線区間を走っているタイミングで話すようにしていました。

一流のエンジニアは、ドライバーの言っていることを理解する力が１００％に近い。コミュニケーション力とは、相手との違いを認識して「理解する力」です。

09

はかりしれない人間の力について

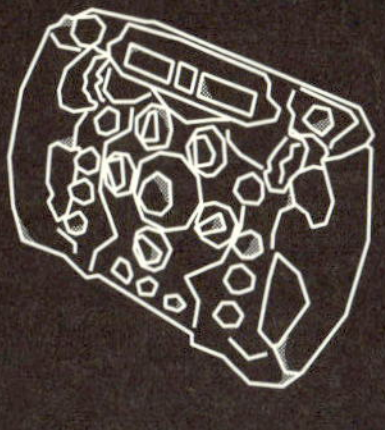

機械がカバーできない領域

Ｆ１の現場には世界最高峰のテクノロジーが注ぎ込まれています。そこにあるのは最高の道具と機械で、徹底的なコンピュータ化により細部にまで張りめぐらされたセンサーを通してマシンに何が起こっているのかを注視し、コントロールしています。ピットで多くのスタッフがデータを見ているのは「事前に予測したとおりにクルマが動いているか」「予測したタイムが出ているか」「予測したブレーキ温度になっているか」など多くのファクターを監視し、不測の事態に備えているのです。機械の周辺技術は、私自身がレースの仕事を始めた１９７０年代に比べると別の宇宙のごとく進化していて、技術者たちはあらゆる現象をデジタル化して数値で捉えて再現し、いま起きている現象を理解する作業をしています。そこで重要なのは、現象を捉える各種のセンサーで、その性能が悪くては最悪の結果になります。

良いセンサーは、どうしたらできるのか。ずばり、名人と呼ばれる人間の力によって開発されています。機械が持つ性能より、人間が持っている「バイオセンサー」のほうが優れているからです。

名人と呼ばれる寿司職人は仕事開始の30分前から手のひらの温度が2度以上も下がり、シャリやネタの温度上昇を抑える。そして、休み時間になると手のひらの温度は通常に戻るという話を聞きました。体温は交感神経が制御するものなので説明のつかないことですが、日々の訓練によって身体の機能が理想の状態へと対応しているのでしょう。それほどに人間の持つ能力は、鋭敏で不思議なものです。

さらに人間の持つセンサーは、修練によって精度が増していきます。釘1本使わない宮大工の木組み、1ミクロン単位の薄さで削られるカンナ屑などは昔からの手作業で、温度、湿度、天候によって変化する生木と対話する能力がなくては生まれないものです。機械はコンマ何ミリの絶対値を計測する性能は優れていますが、微妙なひずみや凸凹を感知する力は鋭い感覚を持つ人間の指先に及びません。日本では、そのような人々によって超絶技法が育まれてきました。船の鉄板を曲げる微妙な加工など、現在でも機械が取って代わることのできない分野はたくさんあります。高性能の検査機器において日本は世界の先進国ですが、優秀なセンサーは鋭い感覚を持つ人間、鋭敏な指の持ち主がいなければ作ることはできません。

F1ではクルマに多くのセンサーをつけて瞬間ごとの現象を捕まえようとしています

が、直線が終わり曲線運動に変わる過渡期「変わりぎわ」をセンサーで解析するのは非常に難しいのです。ところが人間＝ドライバーが持っているセンサーはそこを敏感に捕え、クルマがどうなっているのか正確に報告してくれます。技術が著しく進歩し、デジタルで監視されているF1マシン。それでも、運転する人間のバイオセンサーは本当に貴重なもので、機械が取って代わることはできないのです。

人間の力は進化する

スキージャンプ競技の金メダリスト、シモン・アマンは風の流れを身体で感知して、体重移動と風の受け方を微妙に制御し、より遠くへと身体を運んでいると言います。驚くことに、飛行機がコンピュータ制御のフライ・バイ・ワイヤで飛ぶときよりも細かく、短時間で制御している。まさに人間が空を飛んでいるのです。人は三半規管で身体の傾きを察知し、重力の方向を見つけだしています。そのため無重力の宇宙では作動不良を起こして「宇宙酔い」する。基本的に2次元で生活しているので、身体器官もそれにあわせて作られているからです。空を飛ぶと3次元になるので制御は難しいと考えていましたが、アマンのように子どもの頃から訓練するとバイオセンサーと脳が発達して、自在に空を飛べるような空間認識と飛行制御が可能になる。これは意識を持って行う、無意識の訓練の成果です。つくづく人間の力に果てはないのだと感嘆します。

感覚がシミュレーションを超える

現在のシミュレーション技術は、サスペンションのセットから空力まであらゆる部分に及び、正確にクルマの限界を把握して計算が行われています。コーナーでは、ステアリングやブレーキなど細分化され、部分ごとに解析。加速はステアリングが戻され、スロットルをオンにして直線に出るまでを分割して計算する。ブレーキも同様です。したがって、チームはこの状態のマシンでコースに出れば何秒で走ることができるか予測がつく。新しい空力パーツを付加したら、どこまでタイムを削れるかといったこともシミュレーションしています。

それでもコースに出たドライバーが、技術者たちが計算したラップタイムより速いタイムを出すことがあるのです。

　実は、これは珍しい話ではありません。かつてポルシェがシミュレーション技術をアピールするためル・マン24時間レースでの予選タイムを予想したところ、やはりドライバーが想定タイムを破りました。計算のために打ち込んだデータが間違っていたわけではなく、単純に人間の持つ「限界点を感知する能力」が、機械のセンサーを越えているからだと私は考えます。刻々と変化するグリップの限界を感じてドライビングを修正する、変化に対応できる人間の能力の勝利です。

　そもそも「シミュレーションどおりのタイムで走り続ける」というのは生身のドライバーが常に限界で走っているという意味ですから、それだけでもすごいことなのです。

「第六感」を鍛える方法

　人間の五感は視覚、聴覚、触覚、味覚、嗅覚。これらが暑い、寒い、うまいなどのセンサーとなっているわけですが、よく言われる「第六感」というものがあります。これは理屈では説明のつかない、鋭く物事の本質をつかむ心の動きのようなもので、みなさんにも「以心伝心」や「ピンときた」という経験があるのではないでしょうか。

神経を集中して、物事に打ち込むと人間の感覚は鋭敏になる。さらに突き詰めていくと五感以上の何かを感じることもあります。私は今まで何度も第六感の働きで助けられました。クルマの部品が「このままだと壊れるよ」「すぐに交換して」と囁くのを感じたこともあれば、聞こえるはずのない「タイヤから空気が漏れる音」を察知して助かったこともあります。これも特殊な能力ではなく、本来は誰もが持っている感覚であるはずです。

では、どうして「第六感」の働きに個人差があるのか。それは無意識の能力を、活用できるか否かではないかと思います。かつて私が全日本選手権で星野一義選手を担当していたときは「レースに勝つのが当然」という状況で、チームのメカニックやエンジニアへ強大なプレッシャーがかかっていました。このような環境にさらされていると、火事場の馬鹿力で見えないものが見えたり、難しいことを瞬時に理解できたりするようになります。ぼんやりしていると第六感は働きません。かと言って、やみくもに集中しても湧いてこない。まずは強烈なプレッシャーにさらされることが必要な条件なのだと感じます。緊張感と集中力が必要な現場に立って、そこで心頭滅却して無我の状態に入ると、途方もない能力が生まれてきます。

F1はクルマが主役だと勘違いして、自分だってレッドブルに乗ればチャンピオンになれると思っているドライバーも多いでしょう。しかし、能力のない人はどんなクルマに乗ってもダメ。F1は、はかりしれない人間の力を競う、まぎれもない人間のスポーツです。そこで4シーズン頂点に立ち続けたセバスチャン・ベッテルの力、彼の超人的な努力は、もっと評価されるべきです。人間の持っている能力は、私たちが理解できる以上の可能性を秘めていて、まだまだ先の可能性があります。

10

本当に必要な交渉力とは

交渉は押し売りではない

どんな仕事をするにも、相手との交渉が必要です。欲しいものを希望の値段で手に入れるのも交渉。約束の期日に出演者が来てステージに立ってもらうことも交渉があって初めて成り立ちます。仕事をする上で、交渉力は不可欠です。

第一に、交渉とは何でしょうか？ 自分を高く売りつける「押し売り」のようなスタイルが交渉だと勘違いしている人もいますが、それは間違いです。自分の要求だけ主張しても交渉にはなりません。

交渉とは、相手の立場を読み解き、解析して、何が必要かを考え、必要なものを提供できるように対応していくことです。双方が納得して初めて良い交渉になります。交渉相手が好きとか嫌いとか、気に入る気に入らないというレベルで考えてはいけません。そんなことは目的とは関係ないのです。

日本人は外交交渉が下手だと言われていますが、歴史上で唯一〝交渉人〟として名前が挙がるのは明治時代の外務大臣、陸奥宗光です。幕末には坂本竜馬と行動をともにし、政治家になってから投獄されたりしましたがカムバックして、日本がそれまで結んでいた15カ国との不平等条約、治外法権の撤廃などに力を尽くしました。もちろん交渉は困難を極めました。日本は長く鎖国していて相手を知る手だてがなく、双方が同じ土俵に立っていなかったからです。そこで陸奥は相手の国の事情を徹底的に調べ上げ、両国の将来の発展を説いて交渉しました。相手が未来に夢を持ち、「こいつと握手すれば良い展開がありそうだ」と思わせること。それこそが、優れた交渉力なのです。

バーニー・エクレストンとの対決

１９７６年に日本で初めてのＦ１レース「Ｆ１世界選手権イン・ジャパン」が開かれました。主催者はスポーツニッポン新聞社で、私が依頼されて事務局を手伝うようになった時点で、すでにＦ１ＣＡ（当時のＦ１製造者協会）と主催者との契約は締結済みでした。私の仕事は、お互いが契約書どおりの決め事を遂行できるよう後押しをすることと。日本サイドのやることは契約金の支払い、Ｆ１ＣＡの機材輸送、人員輸送、ホテルの手配など。Ｆ１ＣＡサイドは間違いなく期日に日本に来て富士スピードウェイでレースをするという義務を負っています。当然のようにＦ１ＣＡは契約書ぎりぎりの解釈で理由をつけ、追加料金を要求してきます。それを主催者が必死に防御する。F1という大きなイベントの現場で、さまざまな経験ができました。

さて、次の年はどうするのか？　実は初年度かなりの赤字だったため新聞社は降りてしまい、JAFが中心となって準備を始めました。そのとき交渉の全権を任されたのが私でした。

F1CAの代表であるバーニー・エクレストンは百選練磨の交渉の達人であり、私はただの素人で〝ぼんくら交渉人〟です。いろいろと契約交渉の本を読み漁りましたが、答えはありません。もう裸でぶつかるしかありませんでした。

「何も知りません。しかし、全権を任されました。よろしくお願いします」

と挨拶すると、バーニーは「これは御しやすい」と思ったことでしょう。

私は1973年からイギリスでレーシングカーの設計をしていたので、すでにバーニーとはサーキットで面識がありました。また1976年の開催で得た経験から、彼が言うであろう言葉や次の手を想像することもできました。これならば、こちらの考えに合わせて交渉できるかもしれないと感じていました。

そして、1976年の暮れにバーニーと対面し、1回目の交渉に臨んだのです。

日本側が時間をかけて作った英文の契約書を差し出すと、バーニーはそれをちらっと見ただけで、ビリビリと破り捨てました。

ここで驚いていては彼のペースです。バーニーは「これがお前のサインする契約書だ」と先方が書いたものを渡してきました。私はひととおり目を通したあと、彼と同じようにビリビリと破り捨てて「これでは契約はできない」と言って、オフィスを出た。そして、しばらく音信不通にする作戦をとったのです。

相手の夢と野望を理解する

3日後、バーニーが私の滞在するホテルへと電話してきました。

「何をしている？　交渉するぞ」

これで私は「やっと対等に話ができる」と思いました。当時のバーニーは、チームをまとめてF1を興行として世界に売り歩き始めたところです。すでにF1は世界で開催されていましたが、まだ欧州語圏だけで、このままでは先がない。バーニーは「違う文化の国で興行し、将来の収入源を確保し、本当の意味でF1を世界に広めたい」と考えていました。その試金石として、言葉も習慣も違う日本を新しい開催候補地に選んでいたのです。ここが大きなポイントでした。

日本側にとってもF1は必要。F1CAにとっても日本は必要。バーニーは日本でF1をやりたがっていた。それは彼の大きな野望の第一歩だったのです。

お互いが必要としているなら交渉は成り立つ。ここから一方的な交渉でなく、双方に利のあるものを目指した対等な交渉が始まりました。

契約交渉は半年に渡り、「これがファイナルだ」という契約書が完成したのは1977年5月でした。

バーニーはF1を世界一のモータースポーツとして、高く売りつけることを考えています。買う側としても、世界一のものであれば観客に高く売ることができる。スポンサーもつく。それで、企業は儲けることができる。これがバーニーの描くビジネスです。そのレールに乗るかどうかは興行主の判断ですが、先に興行主の気持ちが熱くなってしまいF1開催への気持ちが大きくなったら、もうバーニーの魔法にかけられたも同然です。どんな状況でも冷静になって算盤をはじくことができれば、その交渉は成功すると思います。

私の体験談は、どんな場面でも通用するものではないかもしれません。最初に相手が横っ面をひっぱたくように私たちが作った契約書を破ってきたので、失礼を承知で、私も同じように先方が出した契約書を破きました。決して感情的になったからではありません。あの時、私は非常に冷静で「何をどうすれば、どう動くか」が見えていました。バーニーは多少譲歩してでも、日本でF1をやりたいと思っている――それは確信がありました。

交渉に求められるのは、よく相手を調べること。ねばり強く、あきらめないこと。相手の話をよく聞いて、双方の利を大局的に見ること。誠実であること。そして、決断力が必要です。交渉しているときに感情に流されてしまうようでは、適切な決断はできません。常に冷静な状態で臨むことです。

ドライバーとの契約交渉

ドライバーとの交渉で印象的だったのは、1984年にステファン・ヨハンソンを全日本F2選手権で起用したときのことです。

当時ヨハンソンは売り出し中のドライバーで、スピリット・ホンダのF1でも走った経験がありました。1982年にF1チャンピオンを獲得したケケ・ロズベルグのマネージャーが面倒を見ていて、とても鼻息が荒かったのです。

日本で走るにあたって「勝てる体制」「ホンダのエンジンでなければならない」「高額な契約金」「日本での滞在条件」などなど、とても全部は承知できないような要求をしてきました。

そこから、まずはホンダとエンジン供給について交渉を始め、ヨハンソン側とも根気強く交渉。レースに勝つための体制を整える一方で、とても払えないような高額な契約金は相手に譲歩してもらうしかありません。「うちのチームで走ることは、ヨハンソンの将来のためにプラスになる」と話し、お互いが納得した上で契約しました。

ヨハンソンはその年、中嶋悟とチャンピオン争いをして、ティレルから声がかかり、F1に復帰。やがてフェラーリ、マクラーレンへと出世していきました。当時の交渉のポイントは、ヨハンソンにとって「日本で活躍すれば、より良い道が開ける」ということ。その夢を受け取ってもらうことでした。

スポンサー獲得の決め手とは

１９８６年には、Ｆ２でタバコ会社「マールボロ」とのスポンサー契約交渉を開始しました。先方の要求はチーム体制やドライバーの水準については厳しい内容でしたが、予算としては２台分で１台を走らせるという恵まれた条件でした。

その時に交わした英文の契約書は厚さ２センチを越えるもので、細部にわたり、さまざまな取り決めが記されていました。

マールボロが私のチームを選んだ一番の要因は「彼らのブランドを大切にして、絶対に傷つけない」という主張を彼らが評価したことでした。これは表面的な言葉や態度ではなく「我々が何を考えてレースをするのか」「誰のためにレースをするのか」というレース哲学の話です。チームを代表して交渉している人間が日頃からどのように考えているのか、ごまかしのきかない人間性は必ず相手に伝わります。

重要なのは契約を勝ち取ることではなく、交渉を重ねた結果、契約が成立したとき「相手は幸せか？」「自分は幸せか？」ということです。

交渉力を高めるための心がまえ

まず、日本と欧米では根本的に異なる部分があることを意識する必要があります。欧米では、発言しないということは存在しないのと同じという考え方です。日本には阿吽の呼吸という言葉があり、表立って意見が対立するような状況を良しとしない風潮があるので、相手の言葉の奥にあるものを探ろうとします。

交渉力を高めるために、どうすればよいのか考えていきましょう。

まずは交渉の前に、自分たちの準備を整えてください。あらかじめ考えておくべきことを整理します。

・結論はひとつか、選択肢はあるのか
・交渉内容の価値は見きわめているか
・よく相手を調べ、弱点を探したか
・相手から自分の周囲に対する攻撃に注意しているか（弱点をさらしていないか）

・自分たちの意見は固めているか
・相手は必ず大きく出てくるが、それを聞き流すことはできるか
・リスクの処理はすばやくできるか
・相手の話を丁寧に聞けるか
・損にならない要求ならば承諾する用意はあるか
・できること、できないことを把握しているか

事前にこうした準備をしてから、交渉のテーブルにつきます。交渉にあたっては、前置きは短く、直線的に本題へと入りましょう。早い段階で、自分たちが提供できることを相手に示すよう心がけてください。もってまわった言い方は避け、意見は直接的に言いましょう。「言葉」によるコミュニケーションが大切です。

交渉を重ねていく上でやってはいけないのは、いったん結論を出した点を引っくり返すこと。話を不可逆的に進め、誰が責任者なのかを明確にして、結論は引き延ばさない。すべてにおいて、すばやく対応していくことが基本です。

交渉について私が心がけているのは

「譲ることから始める」10個の要求のうち8個は譲るつもりでいること。細かい条件にはこだわらない。

「よく聞くこと」会話の8割は聞くことに徹する。話に本質性があれば、相手の考えを読むことができる。

「契約書は自分で読み、理解する」可能なら自分で理想的な契約書を作る。

「ほしいなら引いてみる、引いてダメだったら、ひねりを加えてみる」

「ボケること」こいつは頭が悪いと相手に思わせたほうが得なこともある。

「勝てないと思ったら、すばやく手を引く」

「相手を信じること」

日本人は外交交渉が下手だと話しましたが、欧米人に比べて能力が劣っているわけではありません。交渉の過程で出てくる良いアイデアを積み重ねて、論理的に答えを出すことができる点は、多くの日本人が備える長所だと思います。そのような調整能力と論理性を持っていることを意識して、強みとして伸ばすべきです。

もちろん日本人ならではの弱みもあるので、それをよく理解することが必要です。社会性がない、議論ができない、プレゼンテーションが苦手、戦略に乏しい、一辺倒な傾向がある——これらは日本社会と日本人に多く見られる性質で、交渉の場ではマイナスになる短所です。このままではランダムな要素が入ってきた場合に、思考を柔軟に更新しながら議論を戦わせて、相手を説得することが難しくなります。

まず自分たちはどんなものを目指すのか、理想像を打ち立てます。そして、相手のことを十分に調べ切る。契約するということは、お互いの描いた絵を持ち寄り、テーブルの絵をふたりで作っていくことです。そういう気持ちを持って、交渉できるかどうか。

交渉とは、自分の幸せだけではなく相手の幸せを大切に思うこと。将来の夢を描いて理想を説くことなのです。

11

戦いの場でも見た目が大事な理由

マクラーレンが示した〝お手本〟

Ｆ１チームは元々レース好きな人間の集まりですから、昔は「どんな状況でもレースさえできればいい」と考えていました。資金がどこから来ようが、それは二の次。レース絶対主義で、そのためにはあらゆるものを犠牲にしても平気な人の集まりです。事実それくらい集中していないと勝てないので、そこに「見た目をきれいにする」という意識はありませんでした。最初はレースだけやっていれば良かったのです。

しかし、Ｆ１が時代とともに変化し、チームはスポンサーから多くの資金をもらってレースをするようになります。スポンサーは企業イメージを重視するようになり、チームは名のあるスポンサーを獲得するため、見栄えの良さを目指すようになりました。きれいにすることは、まずスポンサーのため。そして、観客のためでもあります。つまり「自分たちの生活に必要なことだ」と気づいたチームは、クルマだけでなくウエア、ガレージ、モーターホームなど、あらゆるものにお金をかけるようになりました。

「見た目」でＦ１をリードしたのは、マクラーレンです。１９８０年代にチームの実権を握ったロン・デニスの美意識とスポンサーであるマールボロのプロモーション意識が出会い、両者を高めていった。彼らのやり方は「スポンサーをとって活動するプロのレーシングチームはどうあるべきか」を教科書のように示していました。

それまでマールボロは、さまざまなスポンサー活動をしながらも確固としたイメージを作り出せずにいました。ロン・デニスという完璧主義のボスがスポンサーの立場を理解して、チームから手を差しのべたことで世界的なトップブランドとしてのイメージ作りに成功したのです。マシンのカラーリングからレーシングスーツ、チームウエア、ピットガレージ、ゲストやファンに配布するノベルティグッズに至るまで統一感のあるデザインでブランドイメージを発信する。マクラーレンが走るところにマールボロあり。マールボロを見ればマクラーレン、ひいてはF1を思い出すという関係――この強いイメージを作り出した功績は大きなものです。

私が所属しているノバ・エンジニアリングはF2～F3000時代にマールボロと契約を結びました。契約書には「すべての行動時にマールボロのロゴを見せること」と明記され、「雨が降ってきたらマールボロのレインコート以外を着てはならない」「胸のファスナーを閉めないとマールボロの文字が見えないので閉めること」など、事細かに書かれていました。

さらに、マールボロはレースにかかる「チーム」予算とゲストを招いて接待する「プロモーション」予算、そしてメディアに向けた「PR」予算の3つを完全に分けて考えていました。我々チームはレースに専念することができて、ゲストや広報活動にお金を振り分ける必要がありません。これは実に合理的な方法なので、レーシングチームのスポンサーにぜひ取り入れてほしいと思います。

私は契約のためジュネーブのフィリップモリス社の弁護士たちのオフィスへ行きましたが、そこにはマールボロが培ってきたスポンサーとしてのノウハウがつまっていました。マクラーレンとともに育くんできたこともたくさんあったと思います。私はマールボロとのつきあいからスポンサーの立場について学び、ブランドイメージを守るためにチームが何をするべきかを知りました。

マールボロとマクラーレンのプロモーション戦略は、おそらくレッドブルも参考にしているでしょう。その戦略はスポンサーから一方的に要求されるものではなく、チームとスポンサーが一心同体となって作り出していくものです。

乱雑なガレージでは勝てない

現在F1のピットガレージはピカピカに磨かれ、ゲストはガラス張りの見学ルームからヘッドホンで無線を聞きながらレースを見ることができます。ここはスポンサーの特等席でもあり、テレビ中継によって世界中の観客から見られる場所です。レースでは、スタート直後の1コーナーでリタイアすることもあります。優勝すれば自分の居場所がどんな場所でも気になりませんが、みじめに負けたときに気持ちを和らげるためには、乱雑なガレージではなく、少しでも快適な環境を用意するべきだと私は考えます。

そもそもレーシングチームのピットガレージはメカニックやエンジニアの仕事場です。仕事場がきれいであれば気持ち良く仕事できます。ノバ・エンジニアリングがフォーミュラ・ニッポンに参戦したときは、搬入の前日にスタッフ2名がガレージの床をペイントし、翌日パーテーションとオーバーヘッドコンソールを組み立てて設営していました。ロン・デニス自らマクラーレンのガレージを片づけている姿を見たことがありますが、私も気がついたらホウキを持って掃除しています。

見た目の美しさは、最初はスポンサーのために始めたことかもしれません。しかし、いまやチームにとっても「勝つ」という目的を達成するための重要な要素です。きれいなガレージは自分たちの士気や能率の向上、ミスのない作業につながります。

身だしなみも大切で、マクラーレンは80年代から率先してスタッフの移動時に旅行用のチームウエアを着るようにしていました。見た目が良いのはもちろん、揃いのユニフォームを着ることでチームの一員という意識が植えつけられ、気持ちをひとつにするという効果もあります。

もっとお客さんに快適な環境を

自動車レースは他のスポーツと違い、わざわざ遠いサーキットまで出かけて、吹きさらしのスタンドで雨が降ればレインコートを着てしのぐしかない、天候に左右される特殊な興行です。東京ドームで野球を見るのに比べると、観客もそれなりに努力しなければ生で見ることができません。

しかし、そのような悪条件は本当にどうしようもないことなのか、もっと快適な環境を追求できないのか、あらためてサーキット側にも考えてみてほしいと思います。

以前と比べればスタンドも多く立派になりましたが、まだ雨に濡れたり、夏に汗をかいたりしても、そのまま帰るのが当たり前という状態です。「F1は1年に1回だから、我慢しなきゃ」と観客に思わせていてはいけません。他のスポーツエンターテイメントと比べて、どこにハンデを背負っているのか。もっともっと観客のほうを向いて考えていく必要があるのではないでしょうか。

F1は、いわば世界一の夢を見せるスポーツです。それにふさわしく鮮烈な印象を与える〝見世物〟であるために努力が続けられています。

現在では大変な資金を必要とするため、スポンサーなしでは成立しません。広告価値を高めるためには、F1そのものが魅力的であることが求められます。自分たちのフィールドで自分たちのことだけを考えているなら、見た目は関係ないでしょう。そうではなく、他の世界から認めてもらうには見栄えを良くして、その価値を表現していく努力が必要不可欠です。

12

ぶれないこと、変わり続けること

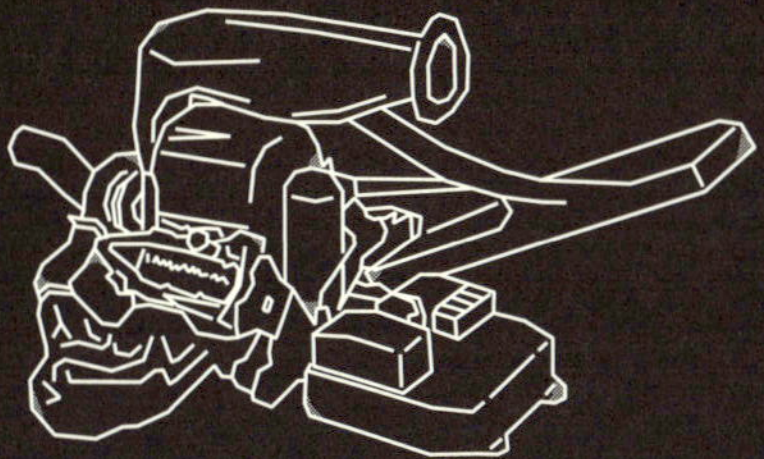

1シーズンで何歩進めるか

Ｆ１の現場で戦っている人たちは、かなりの「新しもの好き」です。いや、新しいものに対して激しい要求を持ち続けていると言うべきでしょう。誰よりも早く良いものを見出して自分の陣営に取り入れなければ、敵に対して優位性を築くことができません。新しいものに反応するのは、戦うための本能のようなものです。

「新しいもの」とは何か。設備から始まり、タイヤ交換時に使うジャッキのようなツールに至るまで、Ｆ１を取り巻くすべてのものが対象になります。

ある会社が「走行中のデータ解析システム」を開発したと聞けば、すぐにそれを試して解析の精度を調べあげ、将来的に可能性があるなら、即座に採用して使いこなす努力を始めます。

最近は３Ｄプリンターが脚光を浴びていますが、光造形の技術が世に出て、すぐに使い始めたのはＦ１チームでした。ＣＡＤシステムでパーツを設計し、その３次元データから、あっという間に実寸のモックアップを作ることができる。この新技術で風洞実験用モデルの製作スピードは飛躍的に速くなりました。開発期間を短縮し、敵のアイデアを即座にコピーして検証することもできる強力な武器となります。

F1チームには、新しいものが良いと感じたら躊躇なく取り入れて突き進む姿勢があります。「新しい技術を恐れない」「誰もまだ採用していないものを恐れない」――F1が数ある産業の中でも特異で、革新的で、最先端であり続ける理由がここにあります。

世界には多くのレースがありますが、F1ほど進化の速度が速いものはありません。マシンの進化において「何が問題なのか」を洗い出し、問題をつぶすまでが実に速い。ぐずぐずしていたら、すぐに乗り遅れます。今ある問題点を見きわめていないと、敵がやろうとしている対策の意図すら理解することができません。速いチームほど次の課題が見えていて、どんどん先へ進んでしまいます。

F1の世界には、いつの時代でも本当の意味で能力の高い優れたデザイナーが2人ないし3人いると私は理解しています。3人が問題の解決策をひとつずつ考え出せば、F1全体が1年で3ステップ向上します。〝その他大勢〟のデザイナーは毎年新しいことを考え出せなくとも、何年かに一度は誰かが偶然にせよ良いアイデアを導き出す。これで1年に4ステップ進化します。F1全体で、優れたデザイナーを4人雇っているようなものです。このようなスピードで、マシンが急激に進化するカテゴリーは他にありません。F1だけが異常な世界で「1年休んだら追いつくのに10年かかる」と言われるゆえんです。一気に4ステップも進んでしまうと、新しいアイデアを何も生み出せなかったチームは、何が起きているのかすら理解できないうちに次の年を迎えてしまいます。

中堅チームが下克上を成し遂げるには、3つの条件が必要です。

①自チームの体制が充実し、優れていること
②ライバルチームに優れたデザイナーがいないこと
③技術規則の変化で、これまで蓄積した技術の価値が薄れていること

現代のF1では中堅チームや下位チームが多額の資金を持ち、最高のスタッフを集めることは難しいのが現実ですが、2014年のように技術規則が大きく変わるシーズンは勢力図を塗り替える大チャンスとなり得ます。

マシンのみならず、F1ではオフィシャルを取り巻く環境や体制の進化も速く、他の

レースにも貢献しています。事故が起きたときの救急体制、ドライバーを監視するためのデータと映像、コース状況を車両やチームへ伝達するシステム、ドライバーの身を守るためヘルメットにザイロン製バイザーを採用するなど、弱い箇所が見つかれば、すぐに対応し、常に最新のものが投入されています。

これはＦＩＡが強い態度で対策を進め、なおかつ現場で起きたことは現場で解決できるよう責任と権限を与えているからこそできるのです。過去の悲劇から学び、それを繰り返さないようにするという意志を感じます。

かたくなに変えないこともある

新技術に貪欲なＦ１においても、なかなか変わらないこともあります。

レースで新しい戦略が生まれるのは、だいたい規則が変わったときやタイヤなど使用する部品が変わったときです。サーキットの特性と使用タイヤに応じてピットストップの回数を変える作戦が考えられますが、不思議なことに数レースで、あるチームが採用した作戦へと収斂していきます。

これは「状況が同じなら答えはひとつ」という保守的な考えによるものだと考えられます。金曜日に走り出すときのガソリン量も、かたくなに昔から伝統の分量で走行しています。重量で60kgか80kgというチームがほとんどだと思いますが、現在は燃料の量が多くても少なくても、ハンドリングやタイヤの磨耗を計算できるシミュレーション技術があるにもかかわらず、びっくりするくらい昔から同じ量を守っています。次々と革新的な手法を生み出すF1にも、いつもどおりの安心感を求める人間の思考が奥底にあるということなのでしょうか。

ぶれてはいけない哲学

F1チームの目的は明白です。

「自分たちでクルマを作り、レースをして、勝つこと」

そのために優秀な人材、良い設備や機材が必要です。ここに向けて、すべての力を集中するのが筋ですが、いまやF1チームの年間予算は莫大な金額で、とてもFOMからの分配金では賄いきれません。だから、毎年スポンサーを獲得するために多くのエネルギーを使うのですが、自動車メーカーとつながりのないチームは常に資金難で、資金がなければ優秀な人材や機材の確保が後回しになってしまいます。チームの経営は、いかに資金を安定させ、マシンの開発に専念できるかどうかが大きなポイントになります。

マクラーレンはプライベートチームの現実を見据え、常に自動車メーカーとの提携を考えています。かつてはホンダと手を結び多くの技術援助を受け、その後はメルセデスと組んで一部チーム株式を譲渡。2015年シーズンから再びホンダと歩むことが決まっています。

もちろんF1に興味のある自動車メーカーは、力のあるチームと組みたいと考えるのが当然で、弱いチームを助ける気はありません。強いチームはメーカーを引き寄せ、資金も集まれば良い人材も集まり、ますます強くなるという好循環です。

これは鶏と卵のようなもので、二流のチームはどこかでブレークスルーを達成しない限り二流のままで終わってしまいます。手に入れた予算のうち、どこに集中するか、最も効果が上がるのは何か。正確に自分たちの弱点を見きわめて手を打つしかない。

勝つためには、月並みですが、やはり速いドライバー、そして良いデザイナーやエンジニアが絶対に必要です。持参金をあてにしてドライバーを選び、1点も獲れないようではチームの未来を変えることはできない。往々にして、ドライバー選びに妥協が見えるチームは、そのシーズンは低迷する傾向があります。

F1をやる上で絶対にぶれてはいけない目的は「勝つこと」。新しいものや手段を追い求めることに気をとられ、目的や哲学を見失ってはいけません。

13

何を学び、どう教えるのか

知識は年功序列ではない

Ｆ１チームで学校を出たばかりのスタッフに対して「新人教育」をしている光景を見たことがありません。一方、日本の多くの企業では新年度が始まると新入社員に対してかなり親切な研修を行っています。欧米と日本で教育に対する考え方が、ずいぶん違うことの表れだと感じます。

日本では「学校を出て希望の企業に入社できれば良い」という考え方が強く、とにかく会社に入るための「就社活動」が一番。何がやりたいかは二の次、というよりも人事部が配属を決めるまで、本人は会社で何をやるのかわからない場合があります。

ヨーロッパやアメリカでは、まず基礎を学んだあと、本人が就きたい職業に応じた「専門知識」を学校で身につけてから社会に出てきます。Ｆ１チームに入ってくる学生に「なんとなく」なんて言う人はいません。「Ｆ１で空力をやりたい」まで絞り込み、徹底的に勉強してからチームに入ってきます。まさに「職に就く」就職であり、チームに入ってすぐ周囲が何について議論しているのか理解できる。だから新人研修の必要はなく、知らないことは自分から教わり、必死に勉強を続けていきます。

現在のＦ１では、特に新しい技術については大学を卒業したばかりの新人にゆだねているケースもたくさんあります。チームスタッフは日々の戦いに追われていて、新たな分野の研究がおろそかになりがちという実状があるからです。Ｆ１全体にとって新しい血はとても有意義で、習慣にとらわれない若い人たちの斬新な発想は、開発競争に活力を与えてくれます。タイトル請負人として知られるエイドリアン・ニューウェイでも、現在のＦ１において独力でマシンを作ることはできません。時には新人エンジニアの意見も取り入れ、それによってニューウェイひとりの能力を超える次元の違うものができるかもしれない。能力や知識にキャリアは関係ないのです。

１９８０年代、Ｆ１のあらゆる分野にデジタル技術が導入され、一気に景色が変わりました。この時チームを牽引したのは、コンピュータと近い場所にいた若者たちです。チーム経営の肝は、短い時間に成果を挙げることです。今日のレースに勝たなければ収入が減り、５年後を目指した研究もできません。

かたや大学で有意義な研究を積んできた若者のアイデアは、戦闘力を底上げする可能性を秘めている。だから、Ｆ１チームは大学の教授陣と連絡を密にして優秀かつ異分野のエンジニアを確保し、チームの今と未来を確かなものにする努力をしています。

このような人材確保も競争であり、エンジニアの争奪戦は、他の業界では考えられないほどシビアです。チームは専門家が欲しいので「何ができるか」が重要。つきつめた研究がある、専門性では誰にも負けない知識がある、仕事が速く的確——具体的な実力のある人が求められています。年功序列ではないので、チームに入れば、黙っていても先輩が仕事を教えてくれるということはありません。すべてが自分次第です。

残念ながら、いきなり日本の大学生たちがレーシングチームの現場に来ても、何を話しているのか理解できない人がほとんどでしょう。これでは即戦力として使い物にならず、そこに大きな差があります。

異国で出会った先生たち

私がエンジニアとして英国へ渡ったとき、もちろん誰も何も教えてくれませんでした。ホンダでは1枚の図面を書くために多くの人が協力してくれましたが、そこでは誰の助けもない。ひとりになって自分の実力不足を痛感した私は必死に勉強しました。

そこで、私はヨーロッパの流儀としては考えられないことをしました。自分が勉強して得た知識を、みんなに教えたのです。周囲の人々は「なぜ教えるんだ？　知っていることは秘密にしろ。そうしないと他人に抜かれるぞ」と言いましたが、私はまったく違う考えを持っていました。

「これまでの知識や自分が新しく発見したことをみんなで共有してテーブルの上に広げれば、まったく違う分野の人から助言がもらえるかもしれない。ひとりで考えることなど、たかが知れている」

同僚の英国人たちは「この〝山猿〟は変わった考えの持ち主だ」と不思議に思ったようでしたが、やがて「信頼できるヤツ」という評価になって私に戻ってきました。さまざまな分野の人が心を開き、私が話をすると、相手も自分の専門分野の知識について話をしてくれるようになりました。板金工やメカニックの話は、クルマ全体を設計する上で大いに役立ちます。すべてをオープンにしたことは大成功で、私は異国ですばらしい先生たちに出会うことができました。

身にしみるタイミング

Ｆ１をはじめとするレーシングチームは、徒弟制度に似ています。失敗をして、嫌な思いをして、怒鳴られながら学んでいくのです。

ノバ・エンジニアリングでは最初、社員教育をしていませんでした。ある日、メカニック同士の会話を聞いていると初歩的な間違いがあり、教える場が必要だと痛感して講義を始めることにしました。内容はクルマと周辺技術の基礎知識で、ボルトやナットの種類から、板金するときの曲率、自動車工学や空気力学まで多岐にわたります。簡単に概要だけ話すテーマもあれば、深く話す内容もあります。あらためて正しい知識を確認し、興味を持ったことを自分で学ぶためのハードルが少しでも低くなればと思い、やっていることです。

大事なのは、新人を相手にいきなり講座を開くのではなく、入社して半年以上過ぎたころに教えるということです。現場に飛び込んで、失敗したり、つらい思いをして涙を流す。そういうタイミングこそ、本人が必死になって学びたいと考える好機であり、そこで教えた内容はよく身につくでしょう。同じことを言われても、それを知らなかったために痛い思いをしたあとのほうが効きます。

現在の学校教育で得る知識は、現場で必要となる知識と乖離しています。一般の会社でも、新入社員は社会に出てから初めて覚えることが多く、それが負担になっているのではないでしょうか。

本来お金を受け取って仕事をする以上、学校のように人から教わることはできず、「プロ」になっていなければならないのです。残念ながら、学校で「お金を稼ぐことがどれほど厳しいか」については教えてくれません。プロフェッショナルとは何か、自分の頭で考えていれば、仕事に向かう姿勢は変わってくるはずです。

レースエンジニアの仕事に就くなら最低限、数学や物理の理論は頭に入っていなければ話になりません。さらにF1を目指すのであれば、チームに求められるような自分だけの〝武器〟が必要です。

学生時代に甘えて過ごしていた人ほど仕事を始めてから苦労することになるでしょう。それでも自分から学ぼうという気持ちがあれば挽回できますが、受け身なままという人もいます。

そういう人が変わるきっかけとしては、やはり成功体験だと私は考えます。それだけの仕事をまかせるには誰かがリスクを背負わなければいけませんが、もし失敗したとしても「本人にモチベーションがあるときの失敗」は実になります。そして、自分で学んだことが、勝利のような結果につながれば、次にやるべきことの意味が分かってきます。どんな職業でも若いころにした勉強は、きっと役に立ちます。さらに、毎日忙しく働くなかでも自分で自分を鍛える気持ちを忘れないでください。

14

スランプを脱するための処方箋

闘志は燃えているか

スポーツ選手は競技が行われる本番に向けて、肉体的にも精神的にも自分のコンディションが最高になるように持っていく努力をします。しかし、アスリートも人間ですから最善の注意を払ったにもかかわらず、体調不良になることがあります。

キミ・ライコネンは年に3～4回アレルギーに見舞われることがあり、不運にも2013年バーレーンGPの週末に発症してしまいました。薬の投与を受けてレースに出ることを決め、1時間36分を戦い抜いた結果は、2位表彰台。彼の口癖である「あきらめない」という言葉からも感じられるように、意志の強さは並大抵のものではないと感じます。

いまは精神状態を良好に保つにも難しい時代です。ささいなゴシップが一瞬のうちに世界中を駆けめぐり、メディアへの対応や言動についても騒ぎ立てられます。20年前ならば誰も問題にしなかったドライバーの個人的な行状までインターネット上で話題になることがあります。そのような喧騒から逃れて自分の精神を安らかに保つのは、なかなか難しい作業です。

フェルナンド・アロンソは日本の武士道の本を読み、心を静かにしていると言っていましたが、なるほどと納得するひとつの良い方法だと思います。

ミハエル・シューマッハーは3年間引退生活を送ったあと、2010年シーズンからF1にカムバックしました。そのとき私も開幕戦のバーレーンを訪れていて、彼の変化に驚いたことを覚えています。

メディアへの対応やピットにいるスタッフへの態度が以前とはまったく違う、穏やかで余裕のあるものになっていたからです。私は当時「それまで自身が作り出して身につけていた仮面を捨てて、ミハエル・シューマッハーを演じることをやめたのだろう」と考えました。しかし、それは「ドライバーとしての進化」ではなかったのです。

それからしばらく彼に注目していましたが、昔のように結果はついてきませんでした。ミハエルは人間としては成長したと言えるかもしれないけれど、F1ドライバーとして成長したわけではなかったのだと今は考えています。

F1で戦うドライバーは、ボクサーのようなファイターである必要がある。一般的には年齢を重ねると余計なものがどんどんそぎ落とされて欲がなくなり、がむしゃらさもなくなっていく。そのような状態はファイターとして決して良くないのです。

すでに名誉と名声を手に入れ、お金の心配をすることもない7度のワールドチャンピオンは、どんなモチベーションでレースに臨んでいたのか——。おそらく闘志の源泉となるものは少なかったのではないでしょうか。

身近な人に欠点を指摘してもらう

ドライバーが伸び悩み、どうにも調子が悪いとき、どうすればいいのでしょうか。

そもそもF1ドライバーに何が要求されるのか考えてみましょう。速さ、理解力、クルマの挙動把握、使命遂行——チームは「ドライバーが何に悩んでいるのか」を見つけることが第一です。

伸び悩んだときの良薬は、他人の目から見た「悪い点」の指摘です。誰にも叱られないこと、怒られないことは、その人にとって最大の不幸。だからドライバーは自分の身近に何でも言ってくれる人間を置くようにしています。

シューマッハーの場合、F1に復帰してなかなか調子が戻らなくても、彼に足りないものを指摘する人が周囲にいなかった。もし叱ってくれる人がいたら、結果は違っていたかもしれません。

「何が原因でタイムが出ないのか」

「何がドライバーの気に入らないのか」

しっかり見きわめることが必要です。F1のように繊細なクルマほど、精神的に些細な乱れがあるとコントロールできなくなってしまいます。

2013年までのフェラーリを例に挙げると、フェリペ・マッサは速いドライバーですが、アロンソと比較すると運転の幅が狭いのでマシンのセットアップが彼の要求するスイートスポットを外してしまうと、ドライビングが荒れてしまってレースになりません。反対に、マッサが予選でアロンソをしのぐタイムを出せる場合は非常に運転しやすいマシンに仕上がっているのだと考えられます。

もしマッサがタイムを出せないときは心温かなチームのサポートが助けになるでしょう。べたべたした慰めの言葉をかけるのではなく、現状を理解するための論理的な対話を重ねていく。スランプを克服するには、順を追って、不調の正確な原因を突き止めていくしかありません。

自信を失い、疑心暗鬼になったら

１９９６年、私はフォーミュラ・ニッポンで将来のＦ１ドライバーふたりと仕事をしました。前年に全日本Ｆ３チャンピオンを獲得したペドロ・デ・ラ・ロサと、ドイツＦ３でラルフ・シューマッハーを下して王者となったノルベルト・フォンタナです。ともにスペイン語を話す彼らは、強いライバル意識を抱いてギラギラしていました。

シーズンが始まると、アルゼンチン生まれでヨーロッパで揉まれてきたフォンタナは日本への適応も早く、初めて履くブリヂストンのラジアルタイヤを乗りこなして好成績を挙げ、まわりを自分のペースに巻き込んでいきます。彼はタイヤが悲鳴をあげても攻め続け、いよいよグリップが落ちてきたところで調整するタイプでした。

それに焦ったデ・ラ・ロサはミスを犯し、Ｆ３時代のようにタイヤをうまく使うこともできずにいました。やがて「チームはフォンタナを優遇している」と考えるようになり、悪循環に陥ったまま、気がつけばシーズンは残りわずかとなっていました。

「この状態が続けばダメになる」

そう私は考え、最終戦を前にデ・ラ・ロサと向き合いました。

「このままやっていても意味がない、スペインへ帰れ」「何を目標にして日本へ来たのか」「ドライバー自身が戦わないで誰が戦うのか」「雑念を払って集中しないと勝てない」と、ゆっくり時間をかけて話したのです。

最後に「チームはお前をサポートしているよ」と忘れずに伝えました。

デ・ラ・ロサは「よし、わかった」「集中して戦う」と言って最終戦の富士へと向かいました。結果は2位に終わりましたが、表情は見違えるほどすっきりしていました。

翌1997年は雑音を排除することを覚えて、成長したデ・ラ・ロサがシリーズを席巻します。全10戦すべて表彰台に上がり、優勝6回と圧倒的大差でフォーミュラ・ニッポンを制覇。ドライバーが粒ぞろいで25台以上も出走した激戦だったことを考えると、異例の好成績です。精神的に弱かった彼は、日本で強さとしぶとさを身につけてF1へと巣立っていきました。

そのデ・ラ・ロサは現在もF1の世界で活躍しています。フェラーリのサードドライバーとしてグランプリに帯同し、これまでの経験を活かしてシミュレーターの開発も担当しているのです。

スランプに陥ったドライバーを助けるには、ドライバーの生きる道を説き、何をすべきかを確認しあうこと、ドライバーが持っている「あきらめない気持ち」「強い精神力」を肯定して折れそうになっている心を支えることが必要です。そうすればドライバーは自分の力で立ち上がり、勇気を持って戦えるようになるはずです。

どうやって恐怖心を克服するか

プロのレーシングドライバーが、大雨の恐怖から「レースをしたくない」と言い出したことがありました。チームの基本姿勢として、観客がいる限りはレースをしますが、危険が伴うケースは慎重に考えます。何かあったとき、責任を負うのはチームのトップであり、走らせるほうも覚悟を持って決断しています。

1985年8月11日、全日本F2選手権第6戦。富士スピードウェイは豪雨に見舞われ、決勝時間が近づくにつれ雨足が強くなっていました。何度もミーティングが開かれ「この雨とコース状況では、とてもスタートできない」という意見が多いため、スタート時間を遅らせて待つことになりました。

そんな状況で、うちのチームで走るイギリス人ドライバーのケニー・アチソンはレースに対してどんどん消極的になっていきました。彼の主張は「この雨は危険すぎる。1台で走っていてもハイドロプレーニングが起きるのに、15台が一度に走ったら何も見えなくなる。レースは中止すべきだ」というものでした。そのとおりかもしれませんが、サーキットには雨の中ずっと待っているお客さんがいます。

長谷見昌弘は「我々は走ることが商売だから、僕は走るよ。嫌なら走らなきゃいい」と明快でした。

チームのもうひとりのドライバーは、ブラジル人のロベルト・モレノ。彼は「ボスはモトさん（森脇）だからボスが決めればいい。僕は、それに従う」と、こちらもプロとして当然の返事です。

しかし、ケニーはレースを中止すべきだという方向で、他のドライバーたちを集めて説得を始めていました。

もはやケニーは「雨が怖い、やめたい」という一心であり、とてもドライビングに集中できる状況ではありません。揉めに揉めた末の午後3時過ぎ、結局レースは実施と決まり、ドライバーたちはピットへ向かいます。ケニーは当然ふてくされています。

私は悩みました。このようなドライバーを無理に走らせるほど危険なことはないからです。ドライバーはファイターでなければならないので、いったん気持ちが逃げてしまったら戦わせないほうがいい。もう一度ケニーと話しましたが、レースに出るのをやめたいという気持ちは変わりません。

ここで、私は厳しい決断を下しました。

「難しい路面状況だ。私の決めたタイヤで走るか、イギリスへ帰るか決めろ」と、彼に告げたのです。

しぶしぶケニーは「乗る」と言いましたが、まだ心ここにあらずの状態です。雨は小雨に変わりつつあり、私はインターミディエイトタイヤを選び「これで行け」と言いました。その瞬間、ケニーは激怒して「オレを殺す気か！」と叫びました。彼はタイヤを蹴り、メカニックに当たり散らしながら準備をしてクルマに乗り込みました。全身で私への怒りを表しています。もう私は彼に声をかけませんでした。

ポールポジションは中嶋悟、2番手がケニー。レースが始まると雨は上がり、コース上には乾いたラインが見えてきました。ケニーは6周目に中嶋を抜き去るとトップに立ち、そのまま日本での初優勝を飾ったのです――。

レース前、彼の心は恐怖心でいっぱいでした。しかし、理不尽なことを言い出した私に対して怒りが爆発。恐怖心が怒りに変わり、走ることだけに集中できるようになった。だから雨に強いブリヂストンや中嶋を破り、難しいレースで優勝できたのです。

もしケニーが、あのレースを忌避してリタイアを決めていたら、自分に負けた事実が一生ついて回る。後悔させないためには戦うこと、それも集中した良い状態で走ることが必要だと思いました。逃げた気持ちを忘れられる状態に戻してあげないといけない。ケニーは恐怖心で集中できなかったので、わざと森脇に対する怒りを作った。そうすれば結果はついてくると思っていました。

プロのドライバーに求められることは「精神的に安定しているか」「平常心を持っているか」「きつい状況で冷静に対応できるか」――。

ケニーはプロの条件を失い「闘争心はあるか」「勇気はあるか」という要求にも応えられませんでした。だから戦う気持ちを取り戻すため、わざと怒りを誘発したのです。ドライバーには、どのような状況でもなくしてはならない大切なものがある。のちにケニー自身「あのときは自分が間違っていた」と話していました。

チームが低迷期に陥ったら

ドライバーに好不調があるように、チームにも良いときと悪いときがあります。

レースは戦いの連続です。ほんの些細なことから次第に亀裂が大きくなり、やがてはすべてが崩れてしまう。小さなアリの穴から堤防が崩れていく――まさに戦いとは、そういうものなのです。

チームを構成する要素として、単純に考えるとドライバー、エンジニア、メカニックを挙げられますが、このうちどこかひとつが二流のレベルに落ちると、チーム全体が二流になってしまいます。経済的な理由、感情的な理由、その他なんらかの理由でチームの大切な部分が一流でなくなった瞬間、流れは低いほうへと向かって流れていきます。一度そうなったら簡単には食い止められません。これはなかなか理解されにくい真実なので、意識しておいてほしいところです。

レベルの低下を食い止めるには、働いているスタッフ全員の意識を変える必要があります。では、それができるのは誰なのか？　F1チームの場合、ふたり考えられます。ひとりはドライバーであり、もうひとりはデザイナーです。

ドライバーが渾身の力で戦う姿は、チームに感動を呼びます。「こいつなら行けるかもしれない」という思いが、やがて「頑張ろう」「何とかしよう」という大きなうねりに変化して、チームの底力となり、支えてくれます。

優れたデザイナーが速いクルマを作ったときも、チーム内に感嘆と期待が渦巻き、がらっと雰囲気が良くなります。

過去を見ても、低迷しているチームに速いドライバーが来たとたんに歯車が噛み合うようになり、強いチームに変貌した例がたくさんあります。

そして、優れたデザイナーは細かいところまで気がつくので指示も厳密になります。リーダーの言うことを守って成績が上向けば、「自分たちの歩いている道は間違っていない」という自信が生まれる。そこが、一流への第一歩です。

チームの要はドライバーとクルマ。だから、そこを刺激すれば立ち直ることができます。もちろん二流のチームにとって良いドライバーとデザイナーの招聘は簡単ではなく、これも鶏と卵のような話ですが、何が一番重要なのかを忘れてしまったら、決して勝つことはできません。

苦しさに負けない力

ここまでスランプについて話してきましたが、不調は誰にでも訪れるもので、冒頭の例に挙げたライコネンのように放っておいても自分で何とかできるドライバーもいます。一方で、常に周囲が気をつけてサポートしてあげないとスランプから抜け出せないドライバーもいます。

どうして、そういった差が生まれてくるのでしょうか？　私の個人的な考えとしては環境によるところが大きいのではないかと感じます。3歳から5歳くらいの子どものころに、どういう育て方をされていたか。また、その後の人生で、自分のことは自分でしっかりやるしかないと気づくチャンスがあったかどうか。私の知る限り、ヨーロッパでは小さいころから我が子を突き放して何でもひとりでやらせる教育が主流であるように思いますが、結局は自分次第です。最後は、本人の自覚にかかっています。

シューマッハーもベッテルも、弱音を吐いたり不平不満を言いながら走るドライバーではありません。それが偉大なチャンピオンとしての矜持であり、勝ち続けるための強さなのだと思います。

15

F1は紳士のスポーツなのか

もはやF1に紳士はいない

紳士とは、どのような人を指すのでしょうか。最近の日本では紳士という概念も薄れつつありますが、家柄や出自が良いだけではなく、教養や道徳を身につけた人のみが、紳士と呼ばれるものです。残念ながら、現在のF1とジェントルマンを結びつけるものは見つかりません。

1970年代までのF1は、さほど大きな資金を必要とせず、働く人材だけがチームの資産であり、ドライバーの名誉が大切にされていました。隣のチームに部品を借りたり、お互いに助け合う気持ちがあった時代で、お金が意味するものはそれほど大きくありませんでした。みんなが紳士で、教養や道徳を重んじる精神にあふれたスポーツだったのです。

それから数十年、あまりにもF1のすべてをお金が支配している時代になりました。現在では、オリンピックすら巨大なスポンサーがいなければ成立しなくなっています。それを嘆かわしいと思うかどうかは意見の分かれるところですが、オリンピックが商業主義に走って多額の資金が投入された結果、豪華な競技場ができ、自宅のテレビで鮮明な映像を楽しめることも事実です。

F1も同じで、現在は70年代とは比べものにならない規模になり、たっぷりお金がかかった状態でレースをし、観戦環境も快適になっています。

しかし、紳士にお金の話は似合いません。すぐに金額の話をしたがる今のF1界に、もはや紳士はいないと言っていいでしょう。

1974年にヘスケスというチームが出現しました。英国の貴族でレース好きのヘスケス卿がジェームス・ハントを乗せるために作ったチームです。当時、私も英国でレーシングカーの設計をしていたので用事があって訪ねたことがあるのですが、広大な屋敷の馬小屋を工場にしてF1マシンを製作していました。もちろんスポンサーはとらず、すべてヘスケス卿の自己資金でした。彼はF1を愛し、母国を愛していましたから「英国のために戦う」と表明して、当時のファンから人気を集めました。おそらく、ヘスケス卿がF1における最後の紳士だったのではないでしょうか。

では、現代のドライバーはどうでしょう？　どんなに安全になったとは言えF1は危険なスポーツで、すぐ近くに死が存在します。ドライバーたちの振る舞いは紳士的な者もいれば、子供じみた者もいます。これは危険と隣り合わせという意識から生まれる、彼ら独特の感覚なのかもしれません。

ただ、ドライバーたちの心の底には規則と道徳を重んじる気持ちが必ずあるはずです。それはＦ１が格闘技であり、規則を守らなかった瞬間に危険がやってくることを知っているからでしょう。現代のドライバーと紳士という言葉はマッチしないかもしれませんが、彼らは決して踏み越えてはいけない一線を理解していると思います。

Ｆ１で尊敬される人とは

どんな場所でも尊敬される人になるためのハードルは高いものです。Ｆ１においてはチームを経営するだけでなく、ライバルと戦い、技術を磨き続けて新しいアイデアを生み出し、より優れたドライバーを招聘して、優良スポンサーと契約する――実にさまざまな能力が求められます。チャンピオンシップはＦＩＡを頂点とする複数の組織で運営しているため、どんな調整も困難を極めます。

チームを運営する人物として尊敬されるのは「数年後が予測できる」「チームの立場

を明確に主張できる」「FIAを含めた組織との調整ができる」「他チームとの的確な折衝ができる」「自分に厳しい」「秘密や約束を守る」「嘘をつかない」人。紳士というだけでは尊敬の対象になりません。

英国で紳士という言葉には別の意味があり、「働かない役立たず」という皮肉を込めて「あいつは紳士だ」などと使われることもあるのです。

F1の世界は、ほぼ全員がハードワーカーですから、同じように必死に働く人を好みます。のんびりと大した仕事をせずに金が入ってくるというのは、F1スタイルではありません。その人が何をしたか、何ができるのかが評価の基準であり、もともと資産があるとか地位があるといったことは関係ないのです。

相手の力を削ぐという手法

勝つためには手段を選ばず、できることは何でもやるのは、どのスポーツも同じです。勝負の世界ですから、利用できるものはすべて利用します。

F1の場合、ドライバーが担うスポーツとチームが担当する部分のスポーツが存在します。テレビに映るレースはドライバーが担当する〝格闘技〟で、細かく競技規則が決まっています。ドライバーたちは観客の視線やカメラに監視され、チームとの契約事項にも縛られていて、手段を選ばないと言っても無法地帯ではありません。ルールの範囲内でベストを尽くします。

チームは車両規則に基づいてクルマを作りますが、車両規則に関係ない部分は常に戦闘状態で、これがチームの担うスポーツです。

ファンには見えづらく難解な部分ですが、チームを強くするため、少しでも優位に導くために駆け引きをしながら戦っています。シーズンの成績は来季の予算に直結し、ドライバーやエンジニアの布陣、マシン開発、新規スポンサー獲得まで、すべてに影響を及ぼすため死活問題です。当然あらゆる手を尽くして勝利に執念を燃やすことになるのですが、ここで非常に効果的な手法があります。

それは、相手チームの重要なスタッフを引き抜くことです。敵にダメージを与え、自チームは戦力アップ。これは戦いに特化したチームの組織がどこも似ていて、専門職のプロフェッショナルが多いＦ１ならではの手段です。

同様にドライバーの移籍とともに、ドライバーをサポートしていたスポンサーを獲得するという手法も相手に大きな痛手を与えることができます。

F1というフィールドで〝戦争〟している以上、このような手段がルール違反だとは言えません。全力で相手に勝とうとしない者は勝てない。ドライバーは速さとクレバーさ、チームは技術力と政治力で勝負する。このような世界で、とっくに紳士は絶滅してしまいました。戦い続けるためのタフな精神を持つ戦士でなければ、生き残っていけないのです。

16

失われてゆく若さに代わるもの

戦闘機パイロット並みの過酷な環境

年をとってからできるスポーツもありますが、多くの競技は若さを必要としています。特にＦ１は、命の危険を伴う格闘技と同じで若さがないと戦えません。

人は必ず年をとります。では、年齢とともに失うものは何でしょうか。まずは体力。長時間高い負荷をかけられることに耐えられなくなり、疲れたあとの回復にも時間がかかるようになります。瞬発力という面では、一気に集中してとんでもない力を出すことが難しくなります。遠くを見る視力や動いているものを見る動体視力、近くを見る視力すべてが落ちます。聴力も衰えて微妙な音を聴き分けられなくなり、集中力を長時間にわたって保つことが苦痛になり、集中の深度も浅くなります。物事の真の姿を捉えて理解する明晰さ、すべてが緩慢になり俊敏に動けなくなり機敏さも失われます。このように、すべての機能が落ちてくるので、とても格闘技のリングに身を置き続けることはできなくなってきます。

名ドライバーが引退してからも華麗なドライビングをする。そう見えるのは長年同じことをやって「こなしかた」が秀逸になっているだけで、現役時代より優れているわけではありません。

Ｆ１ドライバーは非常に厳しい環境にさらされています。あれほどのスピードで走るのですから、ほんの一瞬で状況を判断して結論を出していく必要があります。体は５Ｇを超える重力に耐え、高温多湿のコクピットでヘルメットと耐火スーツを身につけ、２時間に及ぶレースの間ずっと冷静沈着でなければ勝負になりません。あらゆるスポーツと比較しても、Ｆ１ドライバーにかかる負荷は異常と言えるほど大きいのです。

超高速でのコントロールが要求されるＦ１は、よく戦闘機やスキーのダウンヒルなどと比較して語られますが、戦闘機パイロットの年齢制限は30代半ばを目安にしています。Ｆ１と同じように高いＧにさらされるため、体のみならず人間の持つあらゆる機能が極度に消耗していくからです。

Ｆ１のパワーウエイトレシオは軽く「１」を切ります。このような地上の乗り物は他にありません。この怪物を乗りこなし、ライバルと戦うには、優れた体とそれを制御する脳が必要です。どんなに質の高い経験を積んだとしても、身体の衰えを補うことができなくなる時が必ずやってくる。それほどＦ１は過酷なスポーツなのです。

若い体に老人の脳が最強のドライバー

理想のスポーツマンは、若い体に経験豊富な老人の脳を持っています。強靭な若い肉体は不可欠ですが、それだけでは不十分。頭が良くないと状況の変化に対応できず、他人の話の意味も理解できません。相手と戦うには多くの知識が必要で、その知識を戦況にあわせて引き出さなくては優位に立てない。そこがF1のように複雑なスポーツの難しさで、だからこそ子供の時からレーシングカートで走り、F1デビューしたばかりでもレース経験では大ベテランという若手が多いのです。

3年のブランク後、F1に戻ってきたミハエル・シューマッハーは最も経験を積んだドライバーであるにもかかわらず、メルセデスでの成績は今ひとつでした。マシンの戦闘力不足という問題もありましたが、チームメイトのニコ・ロズベルグの後塵を拝すことも多く、彼のように偉大なドライバーにとってさえ年齢により失われたものがどんなに大きかったか分かります。

一般的に、ドライバーは40歳くらいで急にガクッと能力が落ちる瞬間があります。本人は意外に気がつかないようですが、近くで仕事をしているチームのスタッフは、いち早く衰えを感じ取ります。40歳を過ぎてもレースを続けて、まわりから顰蹙を買ったドライバーを何人か知っています。原因は筋肉の衰えではなく、老いによって感覚が狂ってきたことがわからないからです。自分は若いころと同じ感覚で走っているつもりでも、少しずつ遅くなっている。この感覚のズレに自分では気づかない。結果「どうして」と思うような接触を起こすことになるのです。

ただ続けているだけでは「経験」にならない

心身の能力は必ず落ちていきます。それを若いうちは理解できず、自分は特別だと思いこみ、地道な訓練を怠る例は洋の東西を問わず多く見られます。

昨日できたことは、今日も明日もできると考えがちですが、それは明らかな勘違いで「体力が落ちた」と感じたときは、もう手遅れです。やがて身体能力の伸びしろはなくなり、衰える一方となります。

個人差はありますが、体力には25歳、30歳、42歳に節目があるように思います。あらかじめ意識して訓練すれば、急激な衰えは防げるでしょう。

人間の筋肉は80歳を越えても鍛えられると言います。身体の中心には骨がありますが骨では身体を支えられません。筋肉が身体を機能させているので、毎日の生活のためにもトレーニングは有効です。筋肉に負荷をかけていると、「もうダメ」と思う瞬間がありますが、それは体を壊さないように脳が守っているから。筋肉を鍛えるには「もうダメ」から先を攻めて、いったん筋肉を壊して成長させる必要があります。ドライバーでは、やはりシューマッハーがフィジカルトレーニングのレベルを変えました。復帰後も筋肉の衰えは感じられず、レース後の様子を見ていても若いドライバーより余裕があるようでした。つまり、40歳を越えても、トレーニングによってキープできる部分はあるということです。

ドライバーだけでなく、エンジニアにとっても体を鍛えることは意味があります。現在F1チームではスタッフの健康のためにトレーニングをすすめ、マクラーレンはファクトリーにジムを併設しています。グランプリの週末にサーキットをランニングするスタッフも増えました。通常、エンジニアやメカニックの仕事は全身を使いません。日頃使わない筋肉を鍛える有酸素運動は、しっかり体を機能させて強い心身を作ります。適度な運動は、ストレスに強い脳を育てるとも言われています。

年齢を重ねていく上で、一番の武器となり得るのは「経験」です。しかし、漫然と数を重ねているだけでは経験になりません。たとえば、レースの状況に合わせて多彩な対応ができるようになるためには、ひとつひとつのレースを真剣にこなす必要がありま す。それで初めて身体とそれを制御する脳の働きが合体するのです。

経験を自分のものにするには、何があったのかを冷静に把握し、細部までよく記憶して何度も何度も反芻すること。この繰り返しで、武器として使える経験となります。

エンジニアやメカニックも年をとれば心身が衰え、失っていくものは必ずあります。一方でベテランの価値が尊重されるのは、経験による豊富な知識と深い洞察力があるからです。年齢を重ねて引き出しが増えることで、この先に何が起きるか、次にどういう手を打てばいいのかを予測して早めに決断を下せば、大きな失敗や危機を防ぐことができます。誰もが必ず年をとっていく毎日のなかで、そこから「経験」をつかみとらなくては意味がありません。

特別対談

F1から学ぶ仕事論

福井威夫

本田技研工業株式会社　取締役相談役（同社・元代表取締役社長）

×

森脇基恭

福井威夫氏（写真左）と森脇基恭氏
本田技研工業株式会社・応接室にて

モータースポーツの最高峰、Ｆ１グランプリ。そこに息づいている哲学から、人生に必要なことを考える。ここでは著者のホンダ時代からの盟友に登場いただき、本書のテーマについて話をうかがった。

ふたりは１９６９年４月、本田技術研究所に入社。森脇は５年で退社し、英国でレーシングカーデザイナーの道を歩むことになる。福井は、低公害のＣＶＣＣエンジン開発に携わった後、二輪ロードレースＷＧＰマシンの開発責任者を務め、二輪レース専門の企業として立ち上げたＨＲＣのトップに。ホンダ・オブ・アメリカの社長を経て２００３年に本田技研工業株式会社代表取締役第６代社長に就任する。ホンダのＦ１活動においてはマクラーレンと組んで黄金時代を築いた第二期（83〜92年）を知る者であり、第三期（２０００〜２００８）Ｆ１では陣頭指揮をとった。２００８年12月５日、社長として記者会見を行いＦ１からの撤退を発表した当人でもある。

福井が２００９年に退任、新たに社長となった伊東孝紳は２０１５年から、再びエンジンサプライヤーとしてのＦ１復帰を決めた。ホンダにとって、そこで戦うすべての人にとって、Ｆ１とは何なのか。ふたりはＦ１を頂点とするコンペティションの世界から、どんなことを感じたのだろうか。

（文中・敬称略）

森脇　まずF1の話をしましょう。福井さんに第三期のワークス参戦の前に「F1やろうと思うけど、どう思う?」って聞かれたとき、僕は反対したんですよ。世界中でF1をやっていい会社はフェラーリとロータスだけだと言いました。その2メーカーはレースから生まれたようなクルマしか作っていないからF1がなくなったら一気に崩れてしまう。だからフェラーリとロータスは自動車メーカーとしてF1をやってもいい。でも、F1はあまりにも想像を超えることが多すぎるから、自動車メーカーが手を出すならコンポーネンツにしたほうがいい。たとえばトランスミッション、新しいブレーキシステム、新しいサスペンションシステム、エンジン……そういうのは、ありだと思います。車体を全部作って、レース運営をして、毎日のように勝った負けたとやって、ドライバーと契約交渉して、スポンサーと契約交渉して、それは自動車メーカーのやるべき仕事じゃないですよ。だから、やめたほうがいいですよという話をしました。

福井　確かに、そのとおりだった。ホンダの活動としては第二期のやり方が一番現実的で、要するにエンジン供給ですね。勝てる要素を持ったチームはいくつもないんだけど、そこに対してエンジン供給することが解決策なんです。第三期のあの時点で、フェラーリにしろマクラーレンにしろウイリアムズにしろ、もう相手（エンジン）は決まっていて入り込む余地はなかった。それからホンダ全体の意志としてF1をやるなら、第二期と同じことをやっても仕方がないと生意気に考えたところもありました。第三期の目標は何か――「車体も全部やるんだ」と。最初はチーム運営のようなソフトまでやろうという気はなかったんですよ。エンジンと車体のハードだけ。これは結果として間違いだった。勝つための要素が全体でこれだけ（両手で広い範囲を示す）あるとすると、エンジンと車体っていうのは、ごく小さな一部なんだよね。残りも全部やらないと勝てないわけですよ。最終的に、ロス・ブラウン（編注：フェラーリ黄金期の立役者）まで呼んでこないと勝てるようにならない。それを、やりながら学んだということです。

森脇　いま我々は外からF1を見ているので気楽に話しているけど、その中にいる人にとってF1ほど、ひどい世界はない。ひどい世界というのは、緊張した状態をずーっと365日続けないとどうにもならなくて、誰かひとりがちょっと崩れただけで全部ダメになってしまう。すごく大変な仕事ですよ。そういう仕事が日本人、そして日本企業に向いているのかどうかってこと。私が感じた、すごく身近な事例で言うと、イギリス人は「食いだめ」ができるんですよ。普段は本当に少ない量で、週末に豪華な食事をまとめて食べられる。そんなことは、たとえば自分にはできない。毎日それなりに食べていないと、どうも力がでてこない。それができる人たちと戦争したら絶対に負けちゃうんですよ。食料の補給路が断たれたら、その瞬間に力が萎えちゃうから。でも、彼らは踏ん張れる。そういうことって若いころは理解できなくてがむしゃらにやってきたけれど、だんだん見えてくる。そうなると彼らの良いところを利用して、日本人の良いところを利用して何かをやろうとしたほうが、たとえば理想的なF1チームができるんじゃないかと思うようになりました。それぞれの国の、それぞれの人の強みがたくさんあるから、良いところをツマミ食いしてチームをつくるのがいいだろうなと。

福井　二輪（バイク）のレースでも、ホンダがマン島TTレースに挑戦を始めたときは日本人がドーンと大挙して行っちゃったわけですよ。マン島を経験している河島喜好さんが1973年に社長になってからは「日本人が行って、とことんやるのはやめてくれ」と言っていた。レースチームは現地の人たちが主体で、そこに日本人が少しだけ入る。あくまでも現地が主体、これがやっぱり強いんだよね。

森脇　向こうの人とつきあえばつきあうほど、そう思う。でも、日本人はすごく優れているところもあって、いいエンジンも作るし、いいトランスミッションも作る。ほとんどの小型車に採用されているツインクラッチのトランスミッションシステムって、トランスミッション屋さんが設計したんじゃないんですよ。異動でその部署に行った何も知らない人がシームレスのことを言われて「じゃあクラッチふたつ、つけりゃいいじゃん」という発想で生まれた。狭い決められた範囲で集中して、いいものを作る。日本人の得意分野は、匠の世界。これから、そういうことをやっていくべきなんでしょうね。

福井　Ｆ１はチームの大きさが桁違いにデカいよね。だから、余計に難しい。二輪のグランプリチームはピットの大きさも４分の１くらいで、人数的にもＦ１チームが何百人とすると、その４分の１か５分の１くらい。Ｆ１と二輪のグランプリマシンに乗ったことがあったんだけど、Ｆ１に乗るだけのために20人以上のスタッフが必要だった。まずブリヂストンからエンジニアが３人くらいでタイヤを持ってくる。イギリスからはレースメカニックが来て動くわけですよ。二輪は、よく知っている日本人メカニックが２〜

3人で足りる。そのぐらい違うんだよね。F1はレースをやる体制が大きいから、それだけ難しい。要するにロス・ブラウンのような頭に立つ人間の重要性が、ものすごく大きい。数百人のマネージメントをやるわけだからね。しかも経験があって、信頼できる人間はF1の世界にだって何人もいない。そこまでひっくるめて、ホンダが勝てる体制を整えたのが2008年の終わりだったんですよ。

やり続けるために、もうひとつ会社を作ってしまおう

森脇　F1で勝てる体制を整えていく過程には二輪での経験が活かされていると思います。そもそも最初どういった経緯で二輪のレース活動に携わることになったんですか。

福井　ホンダは1967年から1978年までレース活動を縮小していて、そこから二輪とF1と同時に復帰する筋書きだった。ところがF1復帰は、取締役になった川本（信彦）さんが「早過ぎる」と抵抗して、まずは勉強しようということでF2に一歩引いたんだよね。最初はF1の計画に私の名前も乗っていたみたいなんだけど「F1が始

まったら呼び戻すから、二輪やってろ」と川本さんに言われてね。それから10年くらい二輪のレースにどっぷり。あのころは実際ライダーとメカニックと一緒に現場でやるわけで、まさにレース活動をしていました。

森脇　僕は、すでにホンダをやめて英国へ行って、帰ってきてから日本のレースをやっていたころですね。福井さんとサーキットで会う機会も多くて、フレディ・スペンサーと契約した話など、いろいろ聞いたことをおぼえています。

福井　まだ我々がNRという4ストロークのマシンで苦労していて、チャンピオンマシンになったNSの2ストロークはタマゴの段階のとき、アメリカ・ホンダの若い連中が「アメリカの草レースで、すごいライダーがいるぞ」と見つけてきた。まだスペンサーが10代のころだよね。彼と契約するために「まだマシンはないけど1～2年アメリカのレースで頑張ってよ」と彼用にダートマシンを作ったんですよ。それに乗って数年我慢してもらって、NSのエンジンが大体できて、完成車はない状態でエンジン単品をアルミのケースに入れて手持ちでアメリカに行ったんですよ。そのエンジンを見せて、図面を全部見せて「こういう構想でやるんだ」と話して契約交渉をした。彼らは勝ちたいから、何も見せなきゃスズキかヤマハへ行ったと思う。そこで、ホンダのやる気を感じてサインしたんだよ。1981年に記録された鈴鹿のコースレコードはYZRで2分14秒を切っていたんだけど、NRはなかなかタイムが出なかった。日本人ライダーが懸命に走って2分16秒ぐらいは行くんですよ。そこにスペンサーが来て、初日に数周走ったとたん15秒を切っちゃったんです。うれしいショックでしたね。とにかく走り方が、まるで違った。

森脇　ライダーの世界でも四輪の世界でも、とんでもないやつが時々出るんですよ。それまでの常識、クルマに乗っている我々の常識を超えてしまう。あの速度で行けるはずがないっていうところに、その速度で入っていけるやつが出るんです。

福井　二輪のレースでホンダは第一期から10年くらいブランクがあったから、その間にレースの現場は徹底的にヤマハとスズキに握られてしまった。私も当時サーキットへ行ったけれど、ホンダのホの字もない。唯一HERT（ホンダ・エンデュランス・レーシング・チーム）で耐久レースだけ、グランプリの世界ではホンダの存在感なしという時期があった。それを反省したわけですよ。やるからには二輪のトップレースに参加し続けることが重要で、そのためには量産の商品開発と研究所とは別の組織を作っていかないと円滑に進まないというのが原点にあってＨＲＣ（ホンダ・レーシング）が設立されました。レース活動は止めちゃいけないんだと。営利企業というのは良いときは良いけど、悪いときレースにお金を使えるのか、厳しいこともありますよね。だけどもレース界にはレースで生活している人がいっぱいいて、そんなこと関係なしに続けるわけだから、はっきり言うと、出たり入ったりというのは基本的にはやめたほうがいい。やるなら、やり続けることが必要。それが強くあって、なおかつビジネスのほうもちゃんとやらなきゃいけない。そういう思いがあって、別会社にしてＨＲＣを作ったと理解しています。リーマンショックの時にＦ１は止めざるを得なかった。それまでにＦ１も本当は二輪のＨＲＣみたいな体制にしたかったんです。ビジネスの浮き沈みがあっても続けられるような体制ができていなかった。二輪のＨＲＣという会社には全部門が揃っているんですよ。営業部門もあるし、設立した直後は１０００台規模で作る市販レーサー（バイク）があって、年間予算の２〜３割くらいは自分たちで稼いでいたんです。

森脇　それができるといいですよね。少しでも稼げるようになると、会社としてもレース活動を存続している意味が出てくる。

福井　Ｆ１でも現地のホンダ資本のレース会社を、そういうふうにしたかったんだけど……当時はタバコ会社が手を引いて入ってくるお金が減ってしまい、出すお金がものすごく増えてしまった最悪の時期でした。それでも２０００年の初めに調べたら、ウイリアムズにしろマクラーレンにしろ現地のレース会社はＦ１をやりながら、ちゃんと黒字経営してるんですよ。スポンサーをちゃんと取って、うまくやれば、メーカーがそんなにお金をつぎ込まなくても続けられる体制があるはずなんだ。だけど２００８年のあの時点では、それができていなかった。

森脇　あれだけの設備があったから、ちょっともったいなかったですね。

福井　ロス・ブラウンに助けてもらって、彼が引き受けてくれて、彼にはすごく感謝しています。ホンダが手を引いたあと、うまく現地は継続できた。そして2009年にチャンピオンを獲得したのだから、我々のやってきた方向に大きな間違いはなかったんだと。自己満足として、そう思っています。

勝って当たり前――そのとき共有した「4つの原則」

福井　勝つための理想的な組織について考えてみると、やはりF1ではロス・ブラウンのような存在が大切だという強烈な印象がある。私がよく知っている二輪のレースで言うと、1983年に当時の最高峰500ccクラスのドライバーズチャンピオンをフレディ・スペンサーとともに初めて獲ったんですよ。ものすごい僅差、すれすれで勝った。この時の資料を持ってきたんだけど、あらためて見ると、勝って当たり前だった。

きちんと計画が練られていて、体制が整っていました。毎年マシンのハードウエアをどう開発するか、開発計画を出すんですよ。通常これがすべてなんですが、この年にはもう一枚計画を出していた。それは何かと言うと現地のレースチームの組織のあり方なんです。そこに「チームワークの4つの原則」を示しました。

チームワーク4つの原則
1・単一目標の原則
2・統制の原則
3・分業の原則
4・助け合いの原則

まず、単一目標は「勝ちたい」ということ。統制は、誰がリーダーシップを取るか。分業は、チームメンバー全員に得意分野がある。その専門分野で力を発揮しようということです。そして、助け合い。守備範囲はオーバーラップしていたほうがいい。野球みたいに隣の領域までバックアップする。この4つを書いて、ヨーロッパのメカニックやチームマネージャー全員に教育したんだよね。そこまでやったのは、これが初めてだった。ここまでやって現地の人にも考えさせたんです。事前にシミュレーションをしておいて、レースが始まったら自分がどう動くか。日本にはHRCという部隊があって設計やテスト、試作から管理部門までやります。それに部品メーカーさんが部品を作る。

レースの部品メーカーさんは何百とあるんです。そのたくさんの部品メーカーさんを含めて、レース1戦して負けた、あるいはトラブルがあったというと、すぐに動き出すわけですよ。そういう体制ができていて、全員が勝ちたいというひとつの目標があって、チームワークはものすごく良かった。

選手、ライダーを中心とした組織も考え直しました。82年にはライダーが3人いたんですが、漠然としたひとつの大きなチームだった。それを反省して、83年はライダーが4人いるところ、ひとりで1チームを編成した。ホンダ陣営の全体を見る人間をひとり置いた下に、助監督を4人つけたんです。ひとりのライダーに、ひとりの責任者。これは勝つための組織であるとともに、次にトップに立つマネージャーを教育することにもなる。たとえば、フレディ・スペンサーのチームは完全に独立していて、おのおの役割を明確にして分担を書き出しました。すべて前年の12月ごろに集まって計画したことです。勝つために良いマシンやハードウエアが必要なのは当然ですが、この年はソフトまで含めて研究したんです。

森脇　4つの原則、諸手を挙げて賛成です。ある意味で、自動車メーカーの領域を越えたところまでやっている。実際、多くの自動車メーカーがレースのやり方は下手だったので、うちの会社（ノバ・エンジニアリング）や森脇がどれほどいい思いをしたか（笑）。ポルシェが作った耐久用のクルマを買ってきてトヨタやニッサンと戦うとき、ハードの部分は人から買ってきたものだから自分たちで風洞試験をやって空力プラスアルファくらいしかでできない。レースを変えることはできないし、エンジンを触ることもがきない。あと何をやらなきゃいけないか、全部ソフトの部分ですよね。命令システムが下へどういうふうに浸透していくのか、何か事件が起きたら誰に報告を上げて、そこからどう伝わっていくのか、判断するのは誰なんだとか。僕はホンダを辞めてイギリスへ行ったときに、そういうことを教育されて学んで持ち帰ってきているわけです。かたや自動車メーカーはそういうシステムではなく、何か事件が起きると、みんながひとつの問題をそれぞれの角度から見て答えを出していく。残念ながら、それをやっているとレースではチェッカーフラッグを振られて時間オーバーになってしまうから、すぐに結論を出さなきゃいけない。そこが通常の仕事とレースの決定的に違うところでしょうね。当時ライバルだったトヨタやニッサンがそれに気づいていたら、うちのチームはチャンピオン獲れなかったですよ。二輪の世界だって、F1だって基本に変わりはありませんｏ頭の良い人がいれば、４つの原則を紙に書くことはすぐにできるんですよ。それをみんなに理解させて実践するのが、すごく難しい。

福井　Ｆ１なんかもっと厳しい。そういう人材を１００人単位で集めないといけませんから。レースの世界には不適合な人がいるわけですよ。他の世界だったら優秀なんだけどレースの現場では……というタイプ。やらせてみてからわかるんだけど、そういう人には研究室でやってもらう。

森脇　その人に10時間与えれば抜群の答えを出すかもしれない。でも、その10時間を与えられないんだから。

福井　レースがスタートしちゃったら意味がないんだよな。

森脇　どうしても30分で結論が必要なときは、ベストの答えじゃなくてもいいから、その時点でベストだと考える答えを出してほしい。それを命令する人間に言ってほしいん

です。どうしても10時間かけないと答えが出ない人はレース向きではない。でも、向いている人間ばかり何百人も集めるのは大変ですよ。

福井　本当に時間がかかります。ホンダって会社を振り返ってみると、本田宗一郎はホンダを作る前からレースを経験して社長になった。それが一代目で、二代目は河島さんでしょ。レースに携わって監督までやったんだから。三代目の久米（是志）社長もレースのメカニックだったんです。それから川本さん、これもレースそのものでしょう。歴代のトップがレースに絡んでるんだよね。そういう人が経営判断する会社は、なかなかないですよ。

森脇　だから、外から見ていると変わった会社だと思

うかもしれない。レースをやるより金儲けのことを考えるのが普通の経営者で、金儲けよりレースをやって世界の名だたる自動車会社を引っ叩こうぜ、というほうに魅力を感じたわけだから、そりゃ違いますよ。

責任の所在がはっきりしていると逃げなくなる

福井　レースの厳しさは、現場でチェッカー受けた、勝った、その瞬間から次のレースが始まっている。そういう世界で努力をやめたら、すぐ負けちゃうんです。そういう世界をくぐり抜けた経験を持っている人間。これがトップをやっているという会社は珍しいよね。レースは何度も失敗できるんですよ。結果が短期間に明快に出る。小人数でやっている。だから自分の責任、やったことの責任が明確になるし、失敗も多い。だいたい勝てないんだから（笑）。ただし、ずっと失敗していると人間終わっちゃうんですよ。失敗を続けながら最後に勝つというのが理想なんだよね。失敗体験と成功体験を持ちながら、モチベーションを上げて経験していく。それが人間の成長につながってくると思うんですよ。これは量産もレースも同じですが、量産は失敗を何度も経験できない。一度失敗しちゃうと会社の経営がおかしくなっちゃうから。レースで負けても給料は払える。もちろん恥はかくけれど。

森脇　レースの世界って、すごくはっきりしてるんです。「お前の設計ミスだ」というのがはっきり出るから、逃げなくなる。大事なことも細かいことも全部自分で引き受けるようになる。ちゃんと失敗を経験していない人は、逃げて「俺は悪くないんだ、あいつのせいだ」となる。だから若い人は絶対に失敗したほうがいい。若いときに失敗するのは会社にとっても被害が少ないから。年をとってから失敗すると会社が傾いちゃうけど、失敗を早めに経験してもらうのは絶対に良いことです。

福井　それは、もう痛いくらい感じるね。みっともないけど、トップでぶっちぎっていてガス欠でリタイアなんてことが8耐（鈴鹿8時間耐久ロードレース）でもあったから。責任者は明らかで、もちろん本人はものすごく反省する。失敗でどうしようもないのは、作業が遅いのはしょうがないんだけれど「締め忘れ」っていうミスがあるんだよ。結局のところ、適性ですね。その人には傷つかないように場所を変わってもらう。そういう判断も必要です。レース現場でビスを締め忘れるような人間は、そこには適合していないんです。他の部署では能力を発揮するかもしれないけど。

森脇　あとレースにおいてダメな人は、1回ガス欠して勝利をふいにすると、次は余裕を見て5キロ余分にガソリンを積んでレースするようになっちゃう。それでは勝てないんですよ。5キロ余分に入れたら絶対にコンマ何秒か遅いんだから、そのレースは勝てない。最終ラップの最終コーナーでガス欠するくらいに計算して燃料を入れないといけない。それを、しつこくしつこく言い続けないといけない。

福井　そう、レースはピンポイントで狙っていかないと勝てない。

森脇　全員がギリギリの状態でやるんですよ。そうじゃない限りタイムは出ない。でも「レースは好きなんだけど、そういうプレッシャーに弱い」ってヤツもいるんです。自分だって最前線で戦っていたとき、そのプレッシャーを楽しめたとは言えない。食事ができなくなっちゃうくらいなんだから。それでも、あの時代は良かったと思う。プレッシャーでキンキンしていて、すべての神経を投入してクルマを見て、まわりで働いている人間を見て、解析したデータを見て、言うことをやって、キリキリした状態。そのときは嫌だったかもしれない。その場から逃げ出したかったかもしれない。でも、いまになって振り返れば、ああ良かった充実していたと思える。

その瞬間を楽しめるかどうかという話で思い出すのは、2013年にF1で4連覇したセバスチャン・ベッテルが優勝したとき「この瞬間をみんなで楽しもうよ」と言ったこと。すごい言葉だけど、まさに実感なんだと思います。9連勝なんてことは、もうないかもしれない。次の年どうなるかわからないんだから、登りつめた人間は降りていくだけなんだから、いまこの瞬間を大切にしようと。彼の思いを理解できないと、ただ勝って喜んでいるだけだと思うかもしれません。

福井　私の経験として、二輪では少人数で濃密な関係の中でレース活動をする。喜怒哀楽を一緒に味わう。責任感だとか、他の人に信用してもらえるかとか、そういうことがレースの現場では基本になってくる。全部そのままビジネスの世界でも重要なことなんですね。ビジネスの広い世界の縮図みたいなことが、レースの世界では短期間で経験できる。ビジネスの世界は広いけど、業界のつきあいとかどうでもいい部分もあって、必要最小限のことは集約できるでしょう。その集約したものがレース活動じゃないかと。ビジネスの世界でもコアな部分をおろそかにして、それ以外のところに没頭する経営者もいると思いますが、そういう人はホンダのトップにはいない。

森脇　そのとおりだと思います。クルマを作っているだけだとわからないことがあって、レース運営をすると実にいろいろな思いをするので、それは他の仕事にもすべて役に立つ。いま言われたように、濃密に集約されている。嫌なことはすごく嫌だし、楽しいことはすごく楽しいし、1年が何年分もあるような。嫌なことも、たくさんあるんですよ。僕は自分が担当したドライバーが死んだことがありますから、それはもう説明のしようがないくらいの苦しみがありますね。

福井　それは宿命なんだよね。私も経験していて、83年に二輪ロードレースの事故で木山賢吾が亡くなった。まず最初に「マシンがおかしかったのか」と思う。ものすごく、つらい経験です。レースは危険なスポーツと言うけれど、とんでもない。安全に対する配慮はすごく強いですよ。二輪でもヘルメットに始まり、最新の防具でプロテクトしている。最高峰のＭｏｔｏＧＰクラスではエアバッグが入っている。そんなもの昔は何もなくて革のウエアとヘルメットだった。安全性の進化は絶対に必要です。

世界初は達成したら終わり、世界一は常に更新される

福井　若い人たちに伝えたいことは「世界に目を向けろ」ということ。日本は特殊な社会だから、もうちょっと世界に目を向けろと言いたいですね。そして、世界一を目指すこと。世界一という目標はホンダが創業期から掲げた本田宗一郎の夢なんです。これは、ある組織体をひとつにする、すごく良い目標だった。世界初というのは歴史に残るけど、世界一は残らない。世界一は常に更新されていくものだから、常に努力しなきゃ

いけない。だから、ものすごく成長するんです。

ホンダがマン島TTレースに出ようとした時の状況を考えると、当時ホンダという会社の技術レベルは、せいぜい30馬力くらいだった。マン島で勝つためには100馬力が必要――そういうレベルで「やるぞ」と言ったわけですよ。何もない、まず出るまでに5年かかった。その間の話は、私も先輩から聞いたけれど大変な状態だったそうです。量産車の品質問題も抱えていて売れ筋の商品が返却、出荷止め、給料遅配、労働争議寸前。それで「マン島やろう」と。これが大きな結束力になって、できちゃったわけで、それからすごく成長した。世界一という高い目標、別の言葉で言うと「志」ですよね。自我や自分の欲に関係のない、世の中のためとか、人類のためとか大きな目標をもって、それで世界一になれるならベスト。若い人たちに、それを期待したい。一生の間に高い目標を達成してほしい。

森脇　ある年になって仕事を始めた人は、ちょっと振り返って「自分の人生で何をすべきか」を自分に問いかけてみるといい。生を受けて、自分は何をするのが一番いいのか。それが自動車の部品づくりなら部品づくりのナンバーワンになればいいし、本なら本づくりのナンバーワンになればいい。つまり「志」ですね。これがやりたい、これが好きだという情熱はレースをやる上で絶対に必要。言い換えると、人間には絶対必要なんですよ。負けず嫌いであるとか、絶対に何とかしなきゃいけないという気持ち。いったい自分が何のために存在してるんだってことを問い直すと、すごく良い答えが出てくるんじゃないかと思います。

同期でホンダに入社、研修中に本田宗一郎氏を挟んで撮影された記念写真。福井氏が「ここだけ写真を拡大して森脇に送ったことがある」と語る思い出の一枚

あとがき

人に何かを教えるのは難しいことです。教える内容の100倍くらい、それについて知っていないと教えられません。私が適任だったかどうか自分で決めることではありませんが、「1円でも報酬をもらったらプロである」「一瞬一瞬を大事にして目の前のことを真剣にやる」という考え方は、イギリスでF1マシンの図面を書いたときも、台湾でオートバイの開発を任されたときも、同じように通じました。いろいろな経験をして、いわゆる日本の常識や英国でのスタンダード、F1の世界のやり方を知った上で、自分なりの考えがまとまってきたのです。

そして、伝える力よりも大切なのは、学びたいという切実な気持ちがあるかどうか。この本を手に取っていただいた時点で、きっと何かを知りたいという気持ちがあり、学ぶ準備はできていると思います。

私が伝えたいのはシンプルなことです。自分は何が好きで、何をして一生を送りたいのか、まず目標を決めること。「そうなりたい」と思わないものには絶対になれませんが、強く思い続ければ叶えられる。私は若いころ、本当にそうなるんだとは知りませんでした。振り返ってみて初めて、思い続けることの大切さがわかります。

もちろん毎日ただ「なりたーい」と言って、お祈りしていてもなりたいものにはなれません。具体的な目標があれば、そのために今日は何をすればいいのか。F1ドライバーになりたいなら、デザイナーになりたいなら、そのために身につけることがあるとわかるはずです。いま思えば、自分はそれをやっていました。子どものころは宇宙が好きで、昆虫が好きで、動くものはなんでも好きでした。やがてクルマが一番になり、それを仕事にしたいと強く思うようになりました。あとは、そのときそのときで必死になって、ない頭を振り絞っていた。それを続けていって、自分で何か発見することもあれば、誰かに話を聞いてハッとすることも実にたくさんある。その繰り返しです。

夢に向かって努力すると言ってしまうと新鮮味はありませんが、人が生まれ持った身体的な能力にそれほど大きな差はなく、精神力で差が出てくると考えてみてください。

F1の世界を見ていても、セバスチャン・ベッテルの強さは不利な状況、パニックに陥るような状況でも冷静でいられる精神力にあると感じます。

もうひとつ、意識してほしいのは集中力です。自分がいなくなる無我の状態にもっていくことができれば、普段以上の力が発揮できる。F1チャンピオン級のドライバーは、その状態でクルマをコントロールしながら、無線でチームとコミュニケーションをとり、状況を判断して敵とバトルしたり抜きにいったり、さらにコースの反対側を走っている相手とタイムレースをしています。理想的な状態では、闘争心と理性のバランスがとれていて、まわりの状況がすごくよく見えている。彼らは想像もつかないほど高い次元で仕事をしていますが、自分を無我の状態へ持っていくことは誰にでもできます。

やはり、何が大切で、いつ集中するべきかを意識する。そのためにリラックスするときには力を抜いてメリハリをつけ、本番に集中力をピークへ持っていく。しっかり集中すれば、誰かが隣でカレーを食べていても匂いが気にならないような状態になります。

無我の状態に入るには、一瞬一瞬に集中すること。その瞬間に自分のベストを出す。先のことは考えない。それに気がつくと強くなります。力は出し惜しみせず、すべてを出しつくす。日頃から力を出していれば、いざというときに、もっと出せるかもしれない。「そんなこと自分にはできない」と思っていても、やっていなかっただけで、その場になったら当然のようにできることがある。何をしたいのか、どうなりたいのか、そのために何をするのか。見つけて、考えて、必要なことをやっていけば、できないことはありません。まず踏み出すこと、やってみることです。

日本が、世界が、F1が、これからどう変わっていくのか。いま何をすれば将来は有利になるのか。答えはありません。先を読んで動くより、自分がどうしたいのか。それを自分に問いかけて、はっきり浮かんでくる答えに裏切られることはないと思います。未来がどうなるかわからない時代だからこそ、やりたいことを思い切りやってほしい。人を動かすのは知識や情報ではなく、こう生きたいという信念と覚悟です。

「世界一の考え方」は、読んだだけですぐ身につくものではなく、常識を覆すようなものでもなく、面白くないと感じられるかもしれません。わかりきっていて、言われるまでもないことだと思うかもしれません。それでも誰かが、ひとりで漠然と考えていたことがはっきりしたり、自分のやっていることを再確認できたり、もやもやした悩みや不安を晴らすことができるかもしれない。考え方が少しでも変わったら、それはすごく大きなことだと思います。最後まで読んでいただき、ありがとうございました。

森脇 基恭

初出
『F1速報』
2013年オーストラリアGP号～ブラジルGP号
大幅な加筆・修正を加えました。
特別対談は単行本のためのオリジナルです。

世界一の考え方

2014年4月22日　初版発行

著者	森脇 基恭
発行人	鈴木 賢志
編集責任者	田中 康二
発行所	株式会社三栄書房
	〒160-8547　東京都新宿区本塩町19
編集	電話 03-5718-1023
販売	電話 03-5369-5112
書店受注センター	電話 048-988-6011　FAX 048-988-7651
通販受付センター	電話 03-5357-8802
	http://www.sun-a.com/
印刷所	大日本印刷株式会社

装幀／装画	原 靖隆（Nozarashi）
資料写真	XPB Images
写真	栗原 論
DTP	樋口 義憲
構成	高桐 唯詩
編集	水谷 素子